MUITO AMOR

por favor

MUITO

Um sentimento
em quatro elementos.

ARTHUR AGUIAR
FREDERICO ELBONI
IQUE CARVALHO
MATHEUS ROCHA

AMOR *por favor*

SEXTANTE

edição
Alessandra J. Gelman Ruiz

revisão
Ana Grillo e Luis Américo Costa

capa e projeto gráfico
Angelo Allevato Bottino e Fernanda Mello

impressão e acabamento
Bartira Gráfica e Editora S/A

CIP-BRASIL. CATALOGAÇÃO NA PUBLICAÇÃO
SINDICATO NACIONAL DOS EDITORES DE LIVROS, RJ

M921

Muito amor, por favor/Arthur Aguiar ... [et al.]; Rio de Janeiro:
Sextante, 2016.
240 p.; 14 x 21cm.

ISBN 978-85-431-0406-5

1. Psicologia. 2. Amor. I. Aguiar, Arthur.

16-35011 CDD: 155
CDU: 159.92

Rua Voluntários da Pátria, 45 – Gr. 1.404 – Botafogo
22270-000 – Rio de Janeiro – RJ
Tel.: (21) 2538-4100 – Fax: (21) 2286-9244
E-mail: atendimento@sextante.com.br
www.sextante.com.br

Apresentação

ESTE LIVRO É A EXPRESSÃO do sentimento de amor do ponto de vista de quatro jovens que escrevem sobre relacionamentos legítimos e atuais, que souberam se reinventar, sem o medo de mergulhar profundamente em todo tipo de emoção que a experiência traz. Ultrapassando estereótipos já obsoletos – como o controlador machista ou o piegas choroso –, falam sobre viver a dois com intensidade e peito aberto, abraçando igualmente a dor e a felicidade.

Com textos que transbordam personalidade e estilos marcantes, cada autor reflete sobre como é amar, estar apaixonado, e experimentar a verdade das relações em todos os seus aspectos, representados nos elementos da natureza.

Arthur Aguiar escreve sobre o amor quando ele é como a água: pode ser agradavelmente quente ou ferir se ficar gelado e rígido. Por vezes é tempestade, por vezes, calmaria. Mas quando é fluido, torna-se profundo e amolda-se a todas as situações.

Frederico Elboni fala sobre o amor ar, aquele que é leve, que eleva, que faz flutuar. Mostra como é amar sem peso, sem amarras. Mesmo quando vem um vendaval, logo volta a ser a brisa, envolvendo os apaixonados com carinho e cuidado.

Ique Carvalho escreve sobre o amor quando ele é fogo, aquele que arde, arrebata, aquece a alma, mas às vezes incendeia até doer. Pode se manter como brasa por muito tempo, aguardando a chance de ser chama de novo, ou até renascer das cinzas.

Matheus Rocha fala sobre do amor do tipo terra, aquele estável, certo, que traz segurança, mas que pode, de vez em quando, provocar terremotos que abalam estruturas, tiram tudo do lugar e viram a rotina de ponta-cabeça.

Um livro apaixonante e intenso, para quem ama muito e para quem quer amar muito um dia... e sempre!

O amor é fogo

— *por* —

IQUE CARVALHO

O amor é terra

— por —

MATHEUS ROCHA

O amor é água

— por —

ARTHUR AGUIAR

O amor é ar

— por —

FREDERICO ELBONI

UM SENTIMENTO
— em —
QUATRO ELEMENTOS

IQUE CARVALHO

o amor é FOGO

Combinação explosiva

VOCÊ ME LIGOU DIZENDO que estava em um bar sozinha.
Nós prometemos um ao outro que não ficaríamos naquele dia.
Quando foi que nos tornamos tão mentirosos nesta vida?
É claro que eu e você saímos da linha.
Transformamos aquela noite fria em pura adrenalina.
Você me fez experimentar aquilo que bebia.
Eu não lembro o que era,
mas tinha um sabor suave de amor e simpatia.
Eu nunca te contei, mas coloquei um nome naquela bebida:
"A dose da nossa vida".
Conversamos até o bar fechar. Deixamos tudo pra lá.
Enquanto todos voltavam para casa,
nós ficamos ali sentados na calçada.
Dando risadas até chorar.
Ficamos ali por horas, eu contando piadas
e você fazendo umas caras engraçadas.
Adoro o jeito como você topa qualquer coisa,
sem se preocupar com o que os outros vão dizer ou pensar.

É incrível. Quando estamos juntos,
parece que não existe mais ninguém no mundo.
Nos levantamos para ir embora,
mas acabamos entrando na balada da esquina.
Fui comprar bebida, você foi pra pista.
A banda começou a tocar nossa música favorita.
Corri para o seu lado e peguei você bem forte em meus braços.
Dançamos muito perto e muito devagar.
Coloquei seu cabelo para trás pra poder ver seus olhos.
Tentei te soltar, mas você começou a me encarar,
e vi o calor ardendo no seu olhar.
Tentei falar, mas sua boca me tirou o fôlego.
Segurei sua mão, você se inclinou, e nos beijamos.
Eu me senti tão feliz que meu coração disparou.
Foi o tipo de beijo que eu não posso contar para os meus amigos
e nem explicar em um texto.
Eu estava de olhos fechados e ainda assim enxergava seus lábios.
Quando abri os olhos, a única coisa que eu via
era uma menina que sorria.
Seu rosto brilhava. Sua expressão era incrível.
Você começou a dançar loucamente e me fez balançar,
mas só um pouquinho.
E finalmente percebi que nós tínhamos muito mais que química.
A banda acabou de tocar, mas não queríamos parar.
Ficamos ali até chegar alguém pra nos expulsar.
Eu parei na porta da sua casa. Você me chamou para subir.
Aceitei achando que iríamos para o seu apartamento.
Mas você me levou para o terraço e fizemos amor no telhado.
É isso mesmo. Você sabe, eu sei. Já era dia e eu precisava ir.
Antes do beijo de despedida, você olhou pra mim e perguntou:

"Quando a sua pele está perto da minha,
meu coração acelera a batida.
Acontece com você também?"
Eu respondi: "Claro."
E você quis saber: "O que isso significa?"
Falei: "Significa, menina, que eu sou o fogo, e você, a gasolina."

No calor do desconhecido

É NOITE DE DOMINGO e a brisa é quente.
Nós nunca falamos sobre isso e talvez você não saiba.
Mas não gosto de rotina
e nem de amores que podem ser medidos.
Eu gosto do desconhecido.
Do calor de me jogar com tudo e do arrepio sentido.
De algo que me tira dos trilhos e me coloca no rosto um sorriso.
Não espere de mim o equilíbrio. Não é meu estilo.
Eu preciso de aventuras e riscos.
Necessito ser livre e destemido. Sou o imprevisto.
Vivo sempre por um fio.
Gosto da sensação de perder o ar que respiro.
Gosto de me arriscar.
Acho que, se você não saltar, nunca saberá se pode voar.
Não deixe o medo de cair te travar.
Às vezes, é preciso uma boa queda
para tirar você de um lugar em que não deveria estar.
Não gosto que tentem controlar meu jeito de amar.
Posso andar de mãos dadas, mas não gosto de fazer planos.

Eu vivo o momento. Não acredito em destino.
Eu acredito nisto: quando você enfrenta o que não conhece,
a vida te sorri e agradece.
Meu amor vive em círculos.
Algumas vezes ele está na boca e, em outras,
no estômago com as borboletas.
Ele não caminha em linha reta.
Algumas vezes é mágico e, em outras, é trágico.
Às vezes é um poema perfeito, com palavras nunca ditas.
Em outras, é um grande desastre cheio de mentiras.
Acho que amar é como pegar uma estrada
sem saber o que se vai ver ou encontrar.
Eu nunca sei o que pensar,
mas sempre deixo o amor me levar.
Sei lá, prefiro me magoar a não sentir nada.
Não consigo esperar.
Gosto de comer a sobremesa primeiro
e isso não é um problema.
Só não vejo por que esperar pelo melhor que a vida pode me dar.
Eu gosto de gente que chega de repente
e que diz logo o que sente.
Mas, ao contrário de outras pessoas,
não gosto de dormir com estranhos.
Gosto daquele tipo de relação em que um conhece o outro.
Prefiro pessoas de verdade.
Que cometem erros, fazem bobagem e seguem adiante.
Se você quer se expressar, então use o olhar.
Porque as palavras não podem dizer o que o amor pode fazer.
Além disso, o que hoje é fácil de falar
amanhã pode ser difícil de esquecer.

Então, deixe pra lá as palavras.
O olhar é a única linguagem
que não pode ser mal interpretada.
Eu nem vi a hora passar. É 1h15 da madrugada.
Será que vamos passar mais uma noite só conversando?
Talvez você não tenha percebido ainda, mas quero te beijar.
Quero te abraçar, te tocar e te provar.
Abra a porta do seu quarto e vamos entrar.
Às vezes, todas as respostas estão bem atrás da porta.
Esqueça tudo. Eu só queria que, por um segundo,
você me amasse mais que o mundo.
Feche os olhos por alguns minutos
e imagine tudo o que estaríamos fazendo
se estivéssemos no escuro.
E se, por acaso, você estiver sorrindo,
pode me dar um momento antes de eu ir?
Ouça atentamente o que eu tenho a dizer:
Se você também pensa em mim, em vez de fugir,
por que não me diz sim?

Brasas que nunca se apagam

ME DIGA, você já quis tanto alguém que chegou a doer?
Não vai me dizer que nunca sentiu isso alguma vez...
Que não existe um segredo que só você pode saber.
Não me diga que nunca conheceu
uma pessoa que era impossível de esquecer.
Alguém que você nunca beijou,
mas tinha certeza de que era amor.
Bom, eu já tive uma pessoa assim um dia.
O nome dela era Maria Elisa.
Eu tinha 16 anos e ela era o meu sonho no ensino médio.
Eu sentava ao lado dela na escola.
Nós éramos melhores amigos,
compartilhávamos as dores e os sorrisos.
Eu dizia todos os dias que ela era linda.
Ela não acreditava e me ironizava.
Falava sempre que o sonho dela era se casar em um sítio.
Um dia, fiz minha mãe ligar para a mãe dela
e convidar para um fim de semana na fazenda do meu tio.
Passamos o sábado andando a cavalo.

No outro dia, ficamos na beira do rio.
Eu a pedi em casamento naquele fim de semana.
Ela não me levou a sério.
Não sei se porque tínhamos 16 anos
ou porque o anel que eu dei a ela era do salgadinho Fandangos.
Nós crescemos e fomos para a mesma faculdade.
Eu morava do outro lado da cidade,
mas pegava o mesmo ônibus que ela
só para acompanhá-la até descer.
Eu sei que não é muito, mas era o melhor que eu podia fazer.
Antes de ir embora, ela sempre me dava um beijo na bochecha
e dizia: "Te vejo amanhã."
E, antes de ela se levantar do lugar,
eu pensava: "Te vejo já, já, quando eu sonhar."
E ela estava nos meus sonhos quase todas as noites da semana.
Eu acordava no meio da noite,
com a esperança de que ela estivesse na minha cama.
Começava a sonhar acordado.
Era muito novo, mas nos imaginava casando.
Há sonhos dos quais você nunca desperta, eu ficava pensando.
Abria a janela e conversava com as estrelas.
Eu só pedia que ela gostasse de mim. Isso é tão ruim?
Será que sou o único louco aqui que olha para o céu
e pede um amor pra chamar de seu?
Eu só queria que ela dissesse: "Eu te amo muito hoje."
Terminamos a faculdade. Eu a levei para o baile de formatura.
Bebemos tanto naquela festa
que não me lembro como ela machucou a testa.
Ficamos todo o tempo dançando e girando.
Parecíamos dois loucos.

Voltamos para o carro dando risadas
e dormimos no banco de trás.
Sempre fomos os melhores parceiros
porque sempre cuidamos um do outro.
Depois daquele dia, nunca mais a vi.
Alguns chamam de amor platônico,
mas sinto que vivemos um amor delicioso.
Estou contente pelo que tivemos. Sem arrependimentos.
Estou sendo honesto. Comigo, com ela e com o mundo.
Não sei se a Maria Elisa vai ler este texto um dia.
Mas, se você estiver aí, aposto que nunca tinha te contado isso.
Não vejo você faz anos.
Eu me pergunto: onde você está? Queria te encontrar.
Gostaria de ver seu rosto, queria te dizer muitas coisas.
Há muito que eu preciso lembrar.
Tenho um milhão de perguntas a fazer, mas, acima de tudo,
queria te ver só pra dizer que a melhor parte de mim eu te dei.
Ao longo desses anos, foram muitas as mulheres que eu beijei.
Mas você, em quem nunca encostei,
foi uma das poucas que realmente amei.

Amor que dói, amor que cauteriza feridas

EM 2013, MINHA NAMORADA terminou comigo.
Eu me senti um lixo.
Passei vários dias acreditando que o amor era uma grande porcaria.
Conversava com meu pai e ele ficava me dizendo
que o amor era a coisa mais bonita.
Eu olhava pra ele e pensava: "Ah! você diz isso porque nunca terminou com alguém que amou um dia. Você se casou com a mulher que queria e está com ela há quarenta e seis anos. Se a vida lhe tirasse isso, tenho certeza que você também se sentiria um lixo."
Algumas semanas depois, numa terça-feira,
meu pai entrou no meu quarto e sentou ao meu lado.
Ele disse: "Meu filho, estou doente."
Eu perguntei: "O que você tem?"
Ele falou: "Tenho uma doença rara e degenerativa."
Eu insisti: "O que isso significa?"
Ele esclareceu: "Que tenho poucos dias de vida."

Eu chorava sem parar. E comecei a xingar e a dizer: “Que Deus é esse em que você tanto acredita? Que amor é esse que você diz que é tão bonito mas que vai tirar sua vida?”

Meu pai segurou minha mão e me contou uma história que eu não sabia.

Ele disse: “Meu filho, antes da sua mãe, eu fui apaixonado por outra mulher. Um dia, ela me disse que estava grávida de uma menina. Foi um dos dias mais felizes da minha vida. Eu iria pedi-la em casamento logo depois do nascimento. Nove meses depois a bolsa estourou. Eu estava na maternidade, com um anel de noivado no meu bolso. Seis horas mais tarde, o médico apareceu dizendo que minha namorada estava tendo uma hemorragia. Doei sangue três vezes, mas não adiantou. Nem ela nem a nossa filha sobreviveram. Foi o dia mais triste da minha vida.

Eu olhava para dentro de mim e só sentia dor. Eu caminhava pela rua e só enxergava chuva. Mas, antes de eu me perder, meu coração começou a me aquecer. E o amor, a me reerguer. Comecei a olhar para o céu e perceber que até as nuvens mais escuras tinham uma margem clara. Levou um tempo mas eu encontrei a paz. E, quando isso aconteceu, sua mãe apareceu. Nós nos apaixonamos. Nos casamos e construímos uma vida. E, nesses quarenta e seis anos casados, sua mãe me ensinou o seguinte: que tem gente que se vira e vai embora e tem gente que fica e faz o melhor que pode. Mas, respondendo a algumas de suas perguntas, meu filho, a vida me tirou uma pessoa e o amor me trouxe outra. A vida me tirou uma menina e o amor me trouxe uma família.

Eu não briguei com Deus. Não xinguei o mundo nem ninguém. É difícil acreditar no que eu vou dizer, mas um dia a dor que existe dentro de você vai desaparecer. Eu sei que agora não é o que você sente, mas um dia você descobrirá que, quando nos esforçamos para nos tornarmos melhores do que somos, tudo à nossa volta se torna melhor também."

Meu pai enxugou as lágrimas e terminou a conversa dizendo: "Então, meu filho, eu te amo. Não se esqueça disso nem de mostrar amor nos tempos mais difíceis."

Eu o abracei forte e chorei.

Não levou muito tempo e eu fiquei em paz.

Outra pessoa apareceu na minha vida
e meu pai viveu ainda por muitos dias.
E se você, aí do outro lado,
estiver passando por um momento difícil,
não levará muito tempo para descobrir:
o amor pode fazer coisas que você nunca sonhou ser possível.

Uma noite para queimar as mágoas

SEXTA-FEIRA À NOITE. Sei que não deveria, mas estou
em casa sozinha.
Eu não paro de pensar e minha amiga Bela não para de falar:
"Vamos lá, amiga, chega de sofrer por esse cara."
Quando vi meu rosto no espelho, meus olhos estavam
inchados e vermelhos.
Percebi que ela tinha razão. Então, tomei uma decisão.
Vou pegar minha bolsa, um top, meu jeans favorito
e sair de casa para dançar a noite toda.
Hoje, quero estar entre as luzes da boate
e girar, girar, girar, até parar de pensar.
Quero ficar meio perdida. No barulho, nas pessoas...
até estar decidida a guardar só as coisas boas.
Mas, antes de dançar, vou buscar uma bebida.
Algo que me esquente a garganta e desfaça esse nó!
Que misture a música, a festa e a verdade em uma dose só.
E esse champanhe barato?
Detesto o gosto, mas mesmo assim vou tomar mais um pouco.

Hoje não vou me sentir culpada,
nem me preocupar se a maquiagem está borrada.
Sei lá, acho que vou deixar um cara me levar para dançar.
Mas, antes que ele pense em fazer alguma coisa,
vou me fazer de tonta e desaparecer.
Sabe por quê?
Pra não fazer de conta que estou beijando você.
Esta noite, eu não vou te ligar um milhão de vezes
pra saber se você está dormindo com alguém.
Não, meu bem.
Hoje vou perder o rancor e encontrar minha antiga felicidade
e humor.
Esse coração partido hoje vai dançar tanto
que os sapatos vão ficar destruídos.
Hoje vou pedir ao DJ para colocar a minha música favorita
no repeat.
Não sei se você se lembra,
mas o refrão é assim: "Ei dama, sem drama."
Vou cantar com minhas amigas,
que vão me ajudar a lembrar como é a vida.
Sem mágoa, sem choro e sem briga.
Vou deixar a adrenalina me anestesiar
e só vou parar de dançar quando conseguir esquecer
todo o tempo que perdi com você.
É até estranho me ver agindo assim.
Parece que finalmente tenho a atitude que você tanto
cobrava de mim.
E, bem na hora em que estou me divertindo,
você me liga querendo saber quem está comigo.
Sabe, há muito tempo não ouvia sua voz.

Não me lembrava de ela soar tão bem.
Mas ainda não entendi: por que você ligou pra mim?
Se você realmente se importasse, estaria aqui.
Parece que é verdade o que minha mãe diz:
a gente só dá valor ao que não tem.
Mas tudo bem. Se já não dei ouvidos a ela,
não preciso dar a você também.
Um beijo e um abraço, mas só por telefone.
Os planos para esta noite não envolvem seu nome.

Signo de fogo

CONHECI UMA GAROTA em uma noite de sábado.
Ficamos conversando por horas.
Na última música lenta, finalmente a convidei para dançar.
Ela aceitou e, entre um passo e outro, me perguntou: "Ique, qual é seu signo?"
Respondi: "Peixes. Por que você está me perguntando isso?"
Ela disse: "Você não sabe que os signos definem a personalidade?"
Falei: "Não. Isso é verdade?"
Ela disse: "Claro. Todos os caras de Áries são cachorros. Signo de fogo é assim... E os de Peixes são legais, doces e vulneráveis. Nunca notou?"
Provoquei: "É, agora que mencionou... Quer dizer que você gosta de mim então?"
Ela pediu: "Talvez... Acabamos de nos conhecer. Me fale sobre você."
Comecei: "É uma história triste. Faria você chorar e borrar sua maquiagem."

Ela brincou: "Peixes, dramático. Vá em frente. Me conte."

Continuei: "Bom, terminei um namoro recentemente. Fiquei sem sair de casa por três meses. Ficava no quarto escutando uma música chamada 'End of the Road', da banda Boys II Men. Sempre coloco coisas tristes pra tocar quando estou deprê. E você?"

Ela afirmou: "Eu gosto de correr."

Indaguei: "Por quê?"

Ela teorizou: "Correr ajuda a eliminar toda a água do corpo. Sem água, sem lágrimas."

Fiquei curioso: "Você aprendeu isso com a vida?"

Ela: "Não. Aprendi isso em um filme chinês que aluguei outro dia. Em que você trabalha?"

Contei: "Larguei meu emprego. Não gosto de trabalhar das oito até as 18 horas."

Ela concordou: "E quem gosta? E o que faz agora, além de falar besteira e sofrer?"

Disse: "Eu criei um blog."

Ela me olhou com cara de deboche e disse: "Verdade? Que interessante..."

Eu quis saber: "Isso é sarcasmo?"

Ela reagiu: "Imagina. Blog é aquele diário na internet, não é?"

Respondi: "Sim, isso aí."

Ela cutucou: "Isso não é coisa de menina?"

Brinquei: "Dentro deste corpo sexy bate o coração de uma menina de 13 anos."

Ela deu risada e disse: "Você escreve sobre o que no seu diário de menina?"

Expliquei: "Escrevo sobre amor e relacionamentos."

Ela foi sincera: "Mas você não parece se dar bem em relacionamentos."
Concordei: "É verdade."
Ela quis saber: "Você não é aquele cara que xingou a ex-namorada na internet, né?"
Falei: "Não. Se eu fosse esse cara, seria o criador do Facebook."
Ela foi curiosa: "O que fez você sair de casa hoje?"
Confessei: "Meu pai."
A garota ficou confusa: "Como assim? Ele te expulsou de casa?"
Fui sincero: "Praticamente."
Ela questionou: "Essa é a parte triste?"
Eu disse: "Sim."
Ela quis saber: "O que aconteceu?"
Expliquei: "Hoje ele recebeu o diagnóstico de que está doente e que vai morrer em algum tempo. Ele disse que iria levar minha mãe para um motel e fazer amor loucamente. Não acredito que eu disse isso em voz alta para uma estranha. Acho que isso me torna oficialmente um idiota. Mas não mudarei esse detalhe, porque é a verdade. Enfim, ele me tirou de casa dizendo para eu ir viver a vida. Então estou aqui. Vivendo a vida. Agora você me conhece e talvez eu não seja o homem que você queira. Sua vez, menina: me fale mais sobre você."
Ela afirmou: "Melhor assim."
Desconversei: "Não. Não é. Me diga, quem é você?"
Ela respondeu: "Sou uma garota idiota, que está com a cara borrada de chorar, que foi traída por um namorado idiota e que está querendo ser beijada por você, que demonstra todos os sinais de que é louco."

Afirmei: “Desde que eu seja ‘eu’ mesmo e você seja ‘você’ mesma, existe uma possibilidade de nos darmos bem.”
Ela perguntou: “Você acha?”
O maior erro é se apaixonar por alguém
e achar que essa pessoa deve ser o que você quer,
e não quem ela é.
Ela sorriu. E então eu a beijei.

Chama acesa

ELA TEM SEUS PRÓPRIOS MOTIVOS para ficar comigo.
É tudo o que quer ser, e é um pouco de tudo.
Confusa e difícil de uma maneira muito bonita,
tem o mundo em suas mãos.
Explosiva.
Ela não sabe como é bonita.
Isso é legal, pois faz a beleza parecer algo natural.
Eu quero tudo o que ela é.
Original.
Ela sempre defende quem gosta,
não importa o motivo nem a ocasião.
Ela é seu próprio lado, sem medo de decepção.
Tem aquele misterioso sorriso que faz o tempo mudar
seu ritmo;
quando marcamos de nos encontrar,
parece que a hora nunca vai chegar.
Quando estamos juntos, o relógio começa a acelerar.
E quando ela me beija... Tudo para!
Eu faço de tudo para ela me ver.

Não importa o que eu diga, se compro flores, chocolate
ou um CD.
Isso tudo é clichê, ela não vai se surpreender.
Uma garota como ela não se acha todo dia,
nem todo ano e nem toda vida.
Ela não acredita em destino,
mas nas decisões que faz ao longo do caminho.
Decidida.
Mesmo que mude de ideia logo em seguida.
Ela sempre me perguntou o que eu queria da vida.
Hoje posso responder: "Você. Eu te quero exatamente assim."
E não importa se as pessoas dizem que você não serve
pra mim.
Ninguém te conhece de verdade. Você é uma flor selvagem.
Tem uma inquietação, uma beleza rara e cheia de opinião.
E aqui estou eu novamente, te chamando pro meu lado.
Apaixonado.
Quero te ter de volta em meus braços.
Finalmente entendi que, com ou sem você, vou enlouquecer.
É como se eu amasse essa sensação
de ver meu coração bagunçado, angustiado...
Sem saber se o que digo está certo ou errado.
É estranho, mas funciona.
É você que me mantém interessado.
Sabe, eu também queria ser assim como você.
Desapegado.
Mas alguém tem que se preocupar
em deixar a chama sempre acesa.
Senão, na noite fria, nosso fogo se apaga e pela manhã
vamos ver que sobraram apenas as cinzas do amor espalhadas.

Então, para que isso não aconteça,
vamos continuar sendo nós mesmos.
Eu te amo e te quero assim, do seu jeito.
Ou melhor, de todos os seus jeitos.
Sem nunca te dizer o que fazer
nem apontar nenhum defeito.
Por favor, não me diga que você mudou.
Porque, meu bem, se você mudar, aí, sim, eu vou ter medo.
Se não for exatamente você, talvez não cause o mesmo efeito.

Calor que não termina

LEMBRA DAQUELE DIA em que estávamos deitados no sofá
e a nossa música tocou no rádio?
Você estava tão linda!
Peguei sua mão, assim, e a acariciei na palma, assim.
E você me perguntou: "Amor, por que você me ama?"
Você queria uma resposta romântica pra marcar aquele
momento mágico.
Meu coração acelerado respondeu rápido:
"Não existe um único motivo para te amar.
Se fosse por sua beleza, que não existe igual,
sei que com o tempo ela vai mudar.
Mas não o meu amor.
Se fosse por me ouvir e sempre me acalmar,
nem sempre iria adiantar.
Porque existem coisas que só o tempo pode curar.
Se fosse apenas pelo jeito como me sinto, não seria amor.
Seria egoísmo.
Se fosse porque você me surpreende,
se um dia caíssemos na rotina,
nosso amor acabaria.

Se fosse apenas pela forma como você se veste,
eu perderia sua forma mais bonita.
Quando você está nua e perfeita.
Se fosse por sua incrível doçura e carinho,
quando estivesse brava comigo,
eu dormiria sozinho.
Se fosse por lembrar de você
sempre que nossa música toca no rádio,
eu me esqueceria quando ele estivesse desligado.
Se fosse pelo apelido carinhoso pelo qual você me chama,
eu estaria perdido.
Cada dia você inventa um novo!
Se fosse por sua pureza e ingenuidade,
eu te deixaria assim que a vida te afetasse
com uma dura dose de realidade.
Se fosse por sua voz doce e suave,
cantando baixinho no meu ouvido,
eu não sonharia com você quando estivesse dormindo.
Eu poderia dizer mais mil motivos,
que no fim não explicariam esse meu sorriso.
O amor não é prático. Não se mede e não se explica.
Esse enorme e sem sentido absurdo é a maior verdade
do mundo.
Não tenho mais palavras,
mas, se algum dia você voltar a me perguntar,
tenho uma única resposta a dar.
Assim como eu sei que o sol amanhã vai brilhar,
eu te amo simplesmente por amar."

Fogo de palha

VOCÊ VIVE DIZENDO que nós dissemos "eu te amo"
muito cedo.
Quantas vezes preciso dizer que o tempo não mede sentimento
e que o amor precisa ser sentido e explícito?
Eu queria tentar explicar tudo,
mas nada que eu digo parece se encaixar.
Você disse que não adiantava nem tentar.
E, de fato, não tentou.
Depois daquela carona, você nunca mais voltou.
Essas mensagens que você envia no meio da madrugada,
não estou nem contando.
Por mais que o número esteja certo, o coração diz que
é engano.
Sei que já está tarde, e nós dois estamos acordados pensando
um no outro.
Parece que tudo se resolveria se eu respondesse a mensagem,
pegasse o carro e fosse atrás de você. Mais uma vez.
Lá no seu quarto e atrás de portas fechadas,
teríamos outra noite daquelas.

Quente e de tirar o fôlego. No escuro, vamos nos beijar
e perder o ar.
Mas, no final, o que vai mudar?
Será que dessa vez você vai deixar eu ficar?
Só para esclarecer, eu realmente queria muito passar
a noite com você.
Mas, de manhã, não quero ter que me vestir de novo,
nem com a roupa nem com a ilusão de que um dia,
finalmente, estarei no seu coração.
Percebe como isso está errado?
Tem algo crescendo em mim que não consigo evitar.
Enquanto isso, você parece querer só sexo e não se relacionar.
Você me trata como uma distração,
e não como uma parte permanente da sua vida.
Esse tempo todo você nunca me ouviu.
Não quero alguém só para transar no domingo.
Quero alguém que segure minha mão e dance comigo.
Mas, se você não quer se envolver,
não há mais nada que eu possa fazer.
É claro que eu ainda gosto de você, mas tenho pensado
ultimamente:
"Nós éramos jovens e tão apaixonados. O que aconteceu
com o felizes para sempre?"
É estranho como tudo muda rápido.
Você já foi meu futuro e agora é meu passado.
Acho que nosso tesão fez a gente esquecer o que existe
dentro do coração.
Então, resolvi não te procurar, nem te responder mais.
Não quero chegar lá na frente e ficar olhando para trás,
tentando entender por que não deu certo.

O que eu quero é guardar as coisas boas e esquecer o resto.
Essa é a minha escolha.
Por mais que pareça impossível, preciso te bloquear
da minha vida.
Meu coração apertado não vê outra saída.
Eu finalmente percebi que, se quero ser feliz,
tenho que me libertar de tudo o que não preciso.
Talvez, com você, eu tenha que fazer isso.

Deixe o coração incendiar

EI, GAROTA: quantos caras já disseram que você
é a mais linda desta festa?
É incrível como alguns homens têm sempre
a mesma conversa.
É sempre um jogo de cartas marcadas.
Começa na conversa fiada e termina em juras quebradas.
Que tal eu e você fazermos uma única promessa:
não prometer nada que não podemos cumprir?
Eu só quero a verdade para hoje. É isso aí.
Não vamos passar a noite mentindo para nós mesmos.
Não podemos saber o que vai acontecer.
Mas podemos escolher para onde iremos a partir daqui.
Vamos decidir para onde vamos.
Não quero um amor que começa hoje e amanhã some.
Mas você sabe que isso não depende só de mim.
Então, espero que amanhã você atenda ao celular.
Raramente bebo em festa, isso é bom porque evita a ressaca.
Sei lá, deve ser muito triste ficar com uma pessoa e,
no outro dia, não lembrar nada.

Que desperdício ficar tanto tempo com uma pessoa
e depois tratá-la como uma estranha.
Você está a centímetros do meu rosto.
Eu poderia beijar você agora, mas sinto que ainda não é a hora.
Poderia elogiar seu corpo,
mas seu batom vermelho está tirando meu fôlego.
Seu vestido é lindo,
mas alguém já lhe disse que seus olhos são incríveis?
E, se você não acredita no que digo, então olhe para meus olhos.
E vai perceber que não consigo virar para outro lado.
Não quero você por uma noite, nem por um fim de semana.
Quero um amor a longo prazo. Que não tenha dia contado.
Que envelhece ao lado.
Um tipo de relação em que melhoramos um ao outro.
Muitos acreditam que isso não existe.
Se mais pessoas tivessem a coragem
de dizer tudo aquilo que sentem,
em vez de se esconderem atrás do medo do que
pode acontecer...
Se mais pessoas tivessem a sensibilidade
de deixar o sonho voar e o coração incendiar,
poderíamos voltar a acreditar e amar um pouco mais.
Acredito nesse amor verdadeiro que não só é real,
mas a coisa mais poderosa no mundo inteiro.
Eu poderia passar o resto da minha vida
nessa conversa com você aqui nesta festa.
A banda é boa, a música não está alta,
mas você teria a impressão errada
se eu convidasse você para ir até a minha casa?
Por que você está sorrindo assim?

Já sei. É porque sorrir é o jeito mais bonito de alguém dizer sim.
Antes de irmos, não se esqueça de tudo o que dissemos aqui.
Então, amanhã, quando acordar, nem pense em ir embora.
Esqueça o mundo lá fora.
Porque eu vou fazer sempre o café do jeito que você gosta.

A faísca

UM DIA, estava andando por aí.
Parei na calçada e, do outro lado da rua,
estava uma garota de quem um dia fui muito a fim.
Mesmo depois de tantos anos, ela continuava linda,
e eu com frio na barriga.
Ela sorria e minha perna tremia.
Ela atravessou, parou ao meu lado,
e eu respirei o perfume do passado.
Então, ela me olhou e disse: "Ei! Não acredito! Quanto tempo não te vejo!"
Respondi: "Três anos e meio."
Ela: "Ahn? Não entendi. O que você disse?"
Disfarcei: "É mesmo! Tudo bem?"
Ela respondeu: "Tudo, e você?"
Completei: "Tudo ótimo."
E, quando eu ia me despedir, ela me interrompeu e perguntou: "E aí? Casou? Filhos?"
Falei: "Não, tive um relacionamento que durou um ano, mais ou menos. Mas não deu certo. E você?"

Ela informou: "Solteira. Meu recorde foi o último: três meses. Por que seu relacionamento deu errado? Vocês brigavam muito?"
Joguei a isca: "Não. A gente se dava bem. Mas faltava *aquela coisa*."
Ela mordeu: "Que coisa?"
Puxei a linha: "Sabe, aquela faísca que te faz querer dormir com a pessoa todos os dias."
Ela se agarrou no anzol: "Sei, essa chama tem nome: paixão."
Pus lenha na fogueira: "Eu sei. Quero viver essa sensação. Quero um corpo me apertando e que me faça sentir vivo por cinco minutos. E o seu relacionamento, o que aconteceu?"
Ela: "O meu faltava faísca e sobrava rotina. Ele era um cara legal, mas a gente não tinha nenhuma química. Nós éramos aquele casal que não tocava um ao outro. Eu me deitava na cama, olhava pra ele e a única coisa que eu via era um cara esperando com uma senha, como se estivesse na fila da padaria. Ele não tinha nenhuma iniciativa. Bom, foi legal te ver novamente... mas eu preciso..."
Então, foi minha vez de interrompê-la: "Me lembro de quando ficamos pela primeira vez."
Ela retribuiu: "Acho que me lembro desse dia também."
Fiquei surpreso: "Sério?"
Ela ousou: "Você tentou encostar nos meus seios."
Eu ri: "Foi sem querer."
Ela brincou: "Sei. E as vezes em que você passou a mão na minha perna? Também foi sem querer?"
Eu não perdi tempo: "Não. Foi com delicadeza. Sabe, eu gostava de você. Eu não queria ir embora agora e nunca mais te ver."

Ela retribuiu: "Anota meu telefone e me liga qualquer dia desses."

Anotei o telefone e ela atravessou a rua.

Peguei o celular e, antes que ela virasse a esquina, liguei:

Ela atendeu: "Ei. Quem é?"

Respondi: "Olhe pra trás."

Ela olhou e sorriu.

Eu disse: "Esqueci de te dizer. Eu detesto essa expectativa de esperar para ligar no outro dia e não saber se a pessoa vai atender."

"Eu também não gosto de não saber o que vai acontecer. Então, me diga. O que você vai fazer?"

Desliguei o telefone. Caminhei até parar na frente dela.

Eu: "Onde você mora?"

Ela: "Por que quer saber?"

Eu: "Pra te levar em casa ou enviar flores. Você escolhe. Então, o que me diz?"

Ela apontou para a casa da frente e disse: "Moro aqui."

Eu: "Tem certeza de que sua casa não fica... dois quarteirões para a frente?"

Ela sorriu: "Tenho. Agora você tem meu endereço para me enviar as flores."

Eu: "Vou levá-las pessoalmente. Mas preciso que você desça pra receber."

Ela: "Por quê?"

Eu: "Eu não quero que ninguém mais te leve o amor que tenho pra você."

O que arde dentro de mim

ENGANO SEU PENSAR que não é minha
só porque ainda não nos beijamos,
ou porque nossa amizade já é algo muito antigo.
A verdade é que, nos meus sonhos,
já somos bem mais que amigos.
É difícil saber exatamente quando começou essa paixão que,
um belo dia, me fez perceber
que o calor que arde aqui dentro se chama VOCÊ.
Engraçado como vejo tanta gente preocupada
se o romance vai acabar estragando a amizade.
Sabe, com a gente não existe essa possibilidade.
O amor, no nosso caso, vai ter gosto de liberdade.
Por isso minha pergunta é a mais sincera possível
e queria a resposta no mesmo nível.
Quem você pensa que vai te fazer mais feliz?
Um cara desconhecido ou um amigo que sempre te quis?
Não quero te pressionar.
Eu vou entender se você não quiser tentar.

Só não queria te ver triste se o chocolate que ele te der
não for o amargo que você gosta.
Ele também não vai saber que você não gosta de rosa
e que, ao lado da cama, queria um girassol,
pra combinar com o azul daquele seu quadro de farol.
Pode ficar tranquila, eu não vou contar
que atrás da cabeceira você desenhou uma sereia.
Você nunca quis ser a princesa, não é?
O seu segredo está guardado comigo.
Será que ele vai enxergar os amigos incríveis que você tem?
Ou se o Toby, seu cachorro, vai gostar dele também?
E se ele te convidar para jantar?
Você vai ter coragem de dizer que prefere sair para dançar?
Só posso esperar que seja real
que algumas amizades se tornam amor no final.
Se for assim, será que seu coração guarda essa verdade
lá no fundo?
Será que estou errado por querer que a gente fique junto?

Como aquecer um coração desiludido

HÁ ALGUNS ANOS, eu estava desiludido com o amor e cansado de ver a programação completa da TV.
Peguei uma mochila e fui viajar.
Dirigi por três horas e meia pela estrada até chegar em uma cidade no interior.
Parei o carro e comecei a andar à procura de um lugar para almoçar.
Achei um restaurante que chamou minha atenção.
Tinha um senhor na porta, de barba e cabelos brancos.
"Boa tarde, senhor, ainda servem almoço?"
"Sempre!", ele respondeu.
"E onde está o cardápio?", perguntei.
"Pode dizer o que está com vontade de comer e minha linda esposa vai preparar pra você."
Dava para ver que aquele era um lugar alegre. Todas as mesas tinham potes de chocolate.
A simpatia daquele casal era tanta que em questão de minutos estávamos os três sentados compartilhando nossas histórias, rindo como se fôssemos velhos conhecidos.

Depois de quase uma hora, escolhi algo para comer. Arroz, feijão, bife e batata frita.

A esposa dele abriu um sorriso e foi preparar. Ficamos eu e o senhor na mesa.

Ele olhou fundo nos meus olhos e disse: "Ique, você chegou aqui com os olhos cheios d'água. Seja honesto e me diga: qual é o problema?"

Apesar de a pergunta ser a mais vaga possível, eu sabia exatamente o que ele queria dizer.

"Sabe, o amor não tem sido muito meu amigo ultimamente. O namoro acabou, assim como o anterior e o antes dele também. Parece que chega uma hora em que um sempre quer viver uma coisa diferente do outro, até que a vontade de 'um' decide o futuro de 'nós'. Ou então tudo se acaba quando está apenas começando a ser bom demais para ser verdade. E, vendo você com sua esposa, há tanto tempo juntos, e tão..."

"Velhos?", ele tentou adivinhar.

"Não! Felizes e amigos", respondi. "Me fez pensar se o amor realmente existe pra todo mundo, ou se essa sorte é para poucos."

Com um sorriso meio apreensivo, ele disse: "Olha, Ique, eu vou contar para você o que eu aprendi. Ao contrário do que parece, eu e a Luzia não somos casados desde sempre. Nos casamos aos 56 anos. Quando a conheci, éramos jovens e apenas amigos. Eu estava muito preocupado em 'viver' antes de 'me prender a alguém'. Passei quarenta anos ciscando em tudo quanto é terreiro."

"Ahn? Ciscando em terreiro?"

"Pra você, que é da capital, isso quer dizer que já beijei mais de cem mulheres. Mas eu nunca tive nenhuma. No final da noite, eu me sentia vazio e sozinho. Mas continuei vivendo na boemia. Entre bares e muitas viagens, eu pensava que estava curtindo todos os dias. Mas, quando eu deitava na cama, sentia falta de uma companhia. Não para uma noite, mas para uma vida. Aquela ausência me fez perceber uma coisa que mudou minha forma de ver o mundo.

A influência das amizades e a televisão fazem você acreditar que a felicidade ou a satisfação está naquilo que você não tem, ou não fez, ou não conhece ainda. Mas, na verdade, a felicidade está justamente em apreciar a beleza e a simplicidade do que temos à mão e dentro do coração. Quando tive essa consciência, corri para a Luzia, que sempre foi minha melhor amiga e que, no fundo, sempre soube que eu a amava. E, sem nunca termos namorado, a pedi em casamento.

Ela não pensou nem por dois segundos e disse: 'Demorou, hein, seu sem-vergonha?'. Poucos meses depois, estávamos casados. Não temos muitos recursos. Gastei tudo o que tinha na minha juventude. Então, começamos do zero nossa vida juntos. Desde que nos casamos, conseguimos fazer três viagens que, acredite, valeram muito mais que todas as outras, com todas 'as outras'. O que eu sei, Ique, é que eu daria tudo o que tenho pra me casar com a Luzia quando tinha meus vinte e poucos anos. Se houvesse uma forma de voltar no tempo, eu com certeza faria. Só para que 'o resto da minha vida' fosse maior ao lado dela."

Eu fiquei em silêncio.

Ele tirou um lenço do bolso e enxugou as lágrimas que caíam do seu rosto.

Naquele dia, o amor daquele senhor pela esposa, pelas pessoas, pela vida me esquentou tanto que não me senti mais sozinho.
E me fez perceber que amar é ouvir sempre atento
o que o coração vem dizendo há muito tempo.

Só livre

QUANDO ELA ESTÁ SOZINHA,
reza com suas próprias palavras,
já que para ela não existe regra para conversar
com quem se ama.

Quando ela está sozinha, olha para o espelho
e gosta de si mesma.
Não consigo descrever sua beleza, mas posso dizer que,
se ela está feliz,
a primeira coisa que se vê são as covinhas
que surgem quando sorri.

Quando ela está sozinha, anda de bicicleta sem as mãos.
Acredita que de braços abertos pode voar
e ir para qualquer lugar.
Ela adora essa sensação do vento no seu rosto
e a velocidade em que bate o seu coração.
Sem precisar de nenhuma razão, ela muda os planos
e realiza novos sonhos.

Quando ela está sozinha, corta o cabelo
com a tesoura da cozinha,
tira uma fotografia e fica rindo de si mesma por dias.

Quando ela está sozinha, deita na cama
com uma blusa básica e uma calcinha.
E antes de dormir tira a maquiagem
e fica ainda mais atraente e sexy.

Quando ela está sozinha, corre balançando os braços
e nem liga para o cabelo desarrumado.
Anda pela rua com o seu fone no ouvido,
com um sorriso tranquilo, natural e muito bonito.
Seus olhos brilham de alegria
enquanto ela caminha distraída,
curtindo a trilha sonora da sua vida.

Ela se sente livre. Isso não é um crime.
Muitos não entendem essa menina
e ficam querendo saber por que ela está sozinha.
Ela acredita no amor sem pressa. Aquele que, com o tempo,
alcança o que interessa.
Ela não se desespera e segue sua vida.
Pra ela, uma simples tentativa nunca foi a melhor saída.

Aprendeu a ser resistente. A dizer "não"
quando não for suficiente.
Sabe que metade de qualquer coisa nunca vai satisfazer.
Poucos conseguem entender esse seu jeito de ser.
Inteira em uma só. Nunca esteve sozinha.

Nem com ela nem com os demais.
Ela é apenas uma menina que sabe viver em paz com ela mesma e com a vida.

Calor e arrepio

UMA VEZ, passei a noite com uma garota.
No dia seguinte, ela abriu os olhos e disse: "Você já acordou um dia e se perguntou 'O que eu estou fazendo aqui?'.
Eu quis saber: "Mas você queria estar em outro lugar?"
Ela respondeu: "Não. Só estou cansada da mesma história."
Eu indaguei: "Qual história?"
Ela disse: "Um dia você acorda, o cara se foi, o amor se foi.
Estou cansada de levar a pior. Mas tudo bem.
A vida nem sempre é como a gente quer."
Falei: "Ou é."
Ela afirmou: "Não, não é. É melhor eu pegar minhas coisas e ir embora."
Propus: "Em vez de fazer isso, por que não aproveita mais um pouco? Me mostre novamente todo aquele fogo."
Ela sentenciou: "Uma chama dura apenas algumas horas."
Convidei: "Então esqueça a hora. Vamos tirar o dia inteiro de folga."
Ela questionou: "E o que faremos o dia todo?"

Delirei: "Vamos pegar o carro, sair sem rumo e nos divertir um pouco!"
Ela: "Não sei. Isso me parece tão adolescente e bobo. E se tudo der errado?"
Eu: "Vamos, musa da tragédia. Levante e coloque uma roupa."
Ela pediu: "Tudo bem. Mas feche os olhos. Não quero que você me veja nua de dia."
Devolvi: "Isso me parece tão adolescente e bobo."
Ela: "FECHE OS OLHOS!"
Então obedeci e fiquei com os olhos fechados.
Mas ela disse: "POR QUE ESTÁ SORRINDO? VOCÊ ESTÁ OLHANDO?"
Eu: "Não... Só estou imaginando."
Ela riu: "Pode abrir."
Olhei e disse: "Incrível."
Ela perguntou: "O quê?"
Respondi: "Você."
Ela sorriu. Saímos do quarto e entramos no carro.
Perguntei: "Gosta de viajar?"
Ela respondeu: "Claro! Quanto tempo até chegar ao lugar?"
Afirmei: "Não importa quanto tempo leva, mas quem te leva."
Seis horas depois, chegamos.
Ela se deslumbrou: "Que praia linda! Por que você dirigiu todo esse tempo pra me trazer até aqui hoje?"
Confessei: "Quando eu tinha 18 anos, vim aqui com uma turma. Éramos três meninos e três meninas. Meus dois amigos ficaram com as duas garotas. A terceira preferiu voltar para a cidade a ficar comigo. Fiquei sozinho e senti uma tristeza enorme, e me perguntei 'O que eu estou fazendo aqui?'. Foi então que eu senti um vento e um arrepio. Era a vida me dizendo 'VOCÊ ESTÁ VIVO'. Depois de perceber isso,

parei de sentir a tristeza e comecei a ver a beleza deste lugar. O mar, as ondas e as estrelas no céu. Fiquei deitado na areia e prometi que um dia iria voltar aqui com alguém especial. Hoje, tantos anos depois, estou cumprindo minha promessa, trazendo você aqui. Uma pessoa que é muito especial pra mim."

Ela sorriu e falou: "Tire sua roupa e desça do carro."

Eu brinquei: "Isso é um assalto?"

Ela deu risada e respondeu: "Não, bobo. Vamos nadar."

Protestei: "Você deve estar louca!"

Ela confirmou: "Eu sei. Maravilhosa sensação." E começou a se despir.

Fiquei intrigado: "O que você está fazendo?"

Ela falou convicta: "Te convencendo. a realizar um sonho meu. Nadar nua no mar."

Ela abriu a porta do carro e saiu correndo na areia.

Gritei: "Sua louca!"

Tirei minhas roupas, saí do carro e fui atrás dela. Pulamos juntos no oceano.

Ficamos dando risada dentro daquela água gelada.

Quando saímos do mar, ela tremeu: "Estou morrendo de frio."

Eu a segurei perto, mas ela me levou pra longe e nos beijamos devagar e delicadamente.

Sua respiração era suave, e seu beijo, inocente.

Ela abriu os olhos e perguntou: "Como você fez isso?"

Eu perguntei: "O quê?"

Ela: "Eu não estou mais com frio."

Eu: "O corpo produz calor através do arrepio."

Ela pediu: "Eu quero sentir mais seu calor. Me beije de novo?"

Busquei as roupas no carro e nos deitamos na areia.

Ficamos olhando o céu cheio de estrelas, desejando nada mais que o simples prazer em viver. Estávamos felizes.
O sentimento que antes parecia impossível naquela noite se tornou incrível.
Voltamos para o carro e eu perguntei: "Está livre amanhã?"
Ela respondeu: "Estou. Para onde quer ir?"
Eu respondi: "Não importa aonde vamos, apenas com quem."

Só cinzas

ATÉ ONDE EU PODIA VER, você foi feita pra mim,
e eu pra você.
Não tinha dúvida.
Quando te conheci, parecia que as galáxias
estavam todas alinhadas,
ou talvez eu estivesse vivendo dentro de um conto de fadas.
Seja como for, estava tudo no lugar certo.
Menos o coração, que, de tão grande e cheio,
já ocupava meu corpo inteiro.
Não tínhamos motivo algum pra brigar.
Os problemas eram tão pequenos
que eu achava melhor ignorar.
Até que um dia aconteceu o que eu nunca imaginei.
Aquelas coisas pequenas, que eu fingia nem ver,
foram crescendo em silêncio e mudando seu jeito de ser.
E desse momento para a frente, nosso amor
começou a se atrapalhar.
Sempre que eu queria sair, procurava saber quem estaria lá,
pra evitar qualquer tipo de desconforto
ou alguma situação que pudesse te chatear.

Mesmo sabendo que eu te amava
e ninguém mais me interessava,
esses encontros indesejados, lá no fundo, podem incomodar.
A traição chega a doer só de imaginar.
Não tinha nada a ver com insegurança,
nem com desconfiança.
Era um simples cuidado.
Preferia evitar que algo entre nós pudesse dar errado.
Valia muito mais pra mim a sua companhia
que uma noite ou uma festa com um monte de gente vazia.
Outras oportunidades não iriam faltar.
Os amigos de verdade sempre vão estar lá.
Mas, em primeiro lugar, sempre quis o mais importante.
Ter você por perto.
E, justamente nas horas em que eu mais queria,
você desaparecia.
Eu tenho certeza de que os amigos e a família
iriam gostar muito de você.
Mas pra isso você precisava aparecer.
Eu ficava triste em ver que seu coração
não funcionava bem assim.
Quando você queria sair, nem sempre pensava em mim.
Mesmo assim, te deixei à vontade e respeitei seu espaço.
Mas ele parecia crescer, crescer, crescer até
não me caber mais.
Era sempre a mesma história.
Sempre um compromisso, ou alguma outra coisa combinada.
Eu era sempre a última prioridade da sua lista.
Até que, um dia, cansei de desculpa esfarrapada.

Demorou, mas finalmente consegui enxergar que,
por mais que eu te ame,
não podemos ficar juntos pra viver só a sua vida,
enquanto a minha vai ficando, aos poucos,
cada vez mais esquecida.
Se não é pra se envolver e estar sempre com o outro,
qual é o sentido desse namoro?
Até tentei te mostrar que "amor" e "não vai dar"
não podem estar na mesma frase,
mas você não conseguiu aceitar.
Acreditei enquanto pude,
mas sua ficha demorou demais pra cair.
Quando você virou pra trás eu já não estava mais ali.
Agora você está livre pra fazer tudo aquilo que estiver a fim.
Você pode ser o amor de qualquer um, menos de mim.

Coragem de acender o fogo

DIZEM QUE A VIDA é o que acontece enquanto estamos preocupados com outra coisa.

Outro dia, um amigo me ligou e disse:

"Ique, estou apaixonado pela Nanda."

"Mas você contou isso pra ela?"

"Claro que não, ficou louco?"

"Ué, qual é o problema? Não entendi."

"Ainda é muito cedo pra falar isso."

Desliguei o telefone pensando que ia demorar alguns anos para ele perceber o que estava perdendo.

Pra que essa paranoia de cedo ou tarde?

Nem vou tentar explicar ou entender o que é amor.

Escuto toda hora: *Amo pudim de leite. Amo Coca-Cola. Amo chocolate amargo. Amo pizza de peperoni. I love NY...*

Mas, na hora de dizer para o outro *Eu gosto de você...*, ninguém fala.

Depois de alguns dias, meu amigo me ligou novamente.

Falou que ainda não tinha coragem de dizer o que sentia.

Desliguei o telefone e fui encontrar alguns outros amigos em um bar.

Uma garota que estava à mesa sentou ao meu lado.

Puxou papo: "Me disseram que você tem um blog sobre relacionamentos. Minha vida tem sido uma loucura ultimamente e preciso falar com alguém sobre ela."

Eu disse: "Tudo bem, pode falar."

Ela me contou sobre várias coisas que estava vivendo.

No meio da conversa, falou: "Ique, você é muito maduro."

"É que eu cresci muito desde o café da manhã."

Ela deu uma risada e disse: "Eu estou muito desanimada com os homens."

"É a primeira vez que ouço isso."

"Sério???"

Definitivamente, as pessoas não entendem meu sarcasmo.

"Por que está desanimada com os homens?"

"Eu estava ficando com um cara há seis meses. Um dia, ele foi na minha casa e disse que precisava falar uma coisa pra mim que nunca disse para ninguém. Então pensei: *Finalmente ele vai me pedir em namoro*!"

Aí ela ficou muda.

Perguntei: "E o que aconteceu? Ele pediu?"

Ela respondeu: "Não. Ele disse: 'TÔ CHEIRADO!!'"

Indaguei, espantado: "E o que você fez?"

"Mandei ele à merda e nunca mais nos falamos. E, quando eu digo isso para alguém próximo, sempre escuto: 'Nossa, você só conhece idiotas.' Então você começa a olhar no espelho... e a ter dúvidas sobre si mesma."

Ela suspirou esperando que eu fosse dizer alguma coisa.

Eu queria dizer para aquela menina como ela era linda. Mas não disse.

Falei apenas que às vezes você precisa escolher o que vai manter e o que vai deixar ir.

Meu amigo me ofereceu uma carona, aceitei e fui embora.

Cinco minutos depois que ele me deixou em casa, meu telefone tocou.

Era meu amigo dizendo: "Bati o carro, fiz merda."

Fui até o local para ajudá-lo.

Quando vi o carro dele em cima da praça, todo amassado, pensei: "Alguns minutos atrás eu estava ali dentro."

E, logo em seguida, veio na minha cabeça: "Por que eu não disse que aquela garota era linda?"

Peguei meu carro e voltei até o bar. Ela ainda estava lá, mas sentada à mesa com um cara.

Tomei coragem e risquei o fósforo, para ver se o fogo pegava.

Eu cheguei perto dela e disse: "Você é louca, divertida e não sabe o quanto é bonita. Digo isso como um elogio. Você tem o sorriso mais bonito que eu vi a semana toda."

"Não sei o que falar. Não esperava por essa."

"Não precisa dizer nada."

Pedi desculpas para o cara e fui embora.

Quando cheguei na porta, escutei uma voz dizendo: "Ei, você, espera!"

Era a menina, que parou na minha frente e falou: "Por que você me disse aquilo?"

"Só queria que você soubesse como me sinto."

Ela começou com aquele olhar... Você conhece aquele olhar?

Ela parou a alguns centímetros do meu rosto e disse: "Eu só queria que você soubesse que eu acho... que você é o cara mais imprevisível que eu já conheci, e o mais impulsivo. E eu adoro isso."

"Eu não sei o que falar. Não esperava por essa."

"Se você sentia tudo aquilo, por que em vez de ir embora não me beijou naquela hora?"

"Bom, se eu te beijasse neste bar, colocaria meus dedos ao redor do seu pescoço e te empurraria contra a parede. Você ficaria excitada, arranharia minhas costas e seríamos expulsos daqui."

"Me mostre."

Então a puxei, abracei forte pela cintura e a beijei.

Ela fez tudo que eu disse que iria fazer e eu gostei.

E os arranhões nas minhas costas mostravam que ela tinha gostado também.

Depois de alguns minutos naquele beijo, conseguimos desgrudar um do outro.

Ela estava ofegante: "Esse beijo me tirou o ar."

"As melhores coisas da vida deixam você sem fôlego, certo?"

"É verdade. Mas agora eu preciso ir."

"Não vá embora ainda. Nós não nos beijamos o suficiente esta noite."

Ela deu o sorriso mais bonito da semana toda e eu a abracei de volta.

E uma coisa levou à outra, e beijei novamente aquela boca.

Depois do beijo, ainda com os rostos próximos, tive a sensação de que o resto daquela noite seria incrível e, sem perceber, sorri ainda de olhos fechados.

Naquele momento, refleti sobre toda aquela questão de "hora certa".

Dizem que a vida é o que acontece enquanto estamos preocupados com outra coisa.

E que estamos aqui para ser felizes.
Então, por que não somos?
Se você gosta muito de alguém, diga logo o que sente para o outro sentir também.
Não por medo de se arrepender, mas porque a coisa mais maravilhosa sobre a vida é que esse tipo de coisa pode acontecer.
Não tenha medo de ver o fogo acender.
E lembre-se: se alguém disser que gosta de você, por favor, não surte.
Sabe o que essa pessoa acabou de fazer?
Ela pulou, esperando que pudesse voar.
E aqui estou eu pulando.
E a única coisa que me faz sentir que posso voar foi ela me contar e eu saber.

Paixão que me faz quem sou

DOMINGO À NOITE e eu estou em casa sozinho.
Sinto falta do cheiro da sua pele.
Serão cinco longos dias e mais quatro horas
até que eu esteja com você outra vez.
Foi só você sair por aquela porta que deu pra perceber
algo que eu sentia,
mas que ainda não sabia.
Antes de te conhecer, eu não me conhecia.
Dizer isso pode parecer estranho e sem sentido.
Mas você aí do outro lado, que também está apaixonado,
vai entender exatamente o que essa loucura toda significa.
Pra começar, levantei mal-humorado
e ela não estava lá para bagunçar a cama comigo,
jogar as cobertas longe e dar aquele sorriso.
Adoro aquele jeito dela de me acordar.
E como foi difícil levantar.
Parece que seus beijos pela manhã é o que realmente
me faz despertar.

Quando estava debaixo do chuveiro e vi que
o xampu tinha acabado,
saí correndo pelado pela casa, pois não tinha
pra quem gritar pra me salvar.
Percebi que sem ela fico frio e desajeitado.
Aquela menina mudou completamente a minha vida.
De verdade, eu não sei mais qual metade é a dela
e qual é a minha.
Percebi que, se ela está ausente,
minha presença é indiferente.
Hoje, saí com meus melhores amigos.
Eu não estava triste,
muito pelo contrário, nos divertimos demais.
Porém, teve uma risada que não apareceu.
É que certas piadas só funcionam entre ela e eu.
E aquele seriado a que assistimos juntos?
Pensei em ver o episódio novo que saiu.
Mas, se eu assistir sozinho, não vai ter ela torcendo
para o bonzinho e eu para o bandido.
Não tem jeito.
As imagens da TV vão e vêm, mas essa história
não significa nada
se ela não estiver aqui para comentar.
Estou aqui deitado e pensando como ela faz falta nesta cama.
Aposto que eu nunca contei,
mas eu adoro vê-la dormir e abraçá-la enquanto sonha.
Eu descobri.
Muitas partes de mim só aparecem quando ela está aqui.
Isso é que faz essa loucura toda ficar simples de entender.
Longe dela, é impossível me reconhecer.

A tocha que guia você

HOJE EU ME ENCONTREI com um amigo e ele me perguntou:

"Ique, seu pai faleceu ano passado. A foto de perfil do seu Facebook é de vocês dois abraçados. Por que ainda não mudou?"

O assunto é delicado, mas eu acho importante falar sobre isso.

No início da doença do meu pai, eu me senti completamente perdido.

Sofri em silêncio.

É o que muitas pessoas fazem. Guardam a dor para si mesmas.

Por várias noites eu fiquei sem dormir e pensei: "Por que tudo isso está acontecendo comigo?"

Nunca tive uma resposta exata para essa pergunta.

Mas queria contar algo que nunca contei para ninguém.

Várias vezes passou pela minha cabeça desistir.

Eu sempre fui muito solitário.

Vivia grande parte da minha vida dentro do meu quarto.

Escutando música, vendo filmes e jogando videogame.

Conversava pouco com as pessoas e abraçava minha mãe só em datas festivas.

Um dia, entrei no quarto do meu pai e perguntei se ele precisava de algo.

Ele disse: "Claro."

"O que você precisa?"

"Eu preciso que você viva a vida."

"Eu vivo."

"Então me conte tudo sobre sua vida, filho."

Fiquei cinco minutos em silêncio.

Ele então falou: "Meu filho, você está vazio. Você não sorri, não faz novos amigos e parou de escrever, porque tem medo do que os outros vão pensar de você. Você vive trancado em um quarto. Qual foi a última vez que abraçou sua mãe? Qual foi a última vez que você se sentiu feliz? Meu filho, preste atenção no que eu vou dizer: não sou eu que estou morrendo. É você."

Comecei a chorar.

E a última vez que meu pai levantou os braços foi para limpar essas minhas lágrimas.

"Meu filho, o mundo só dá voltas para aqueles que constroem uma nova história. E não existe nenhuma história mais importante que viver o agora."

"Por onde eu começo essa história?"

"Pelo mais importante."

"E o que é o mais importante?"

Meu pai respondeu: "O amor."

Eu saí do quarto dele andando pelo corredor e vi minha mãe sentada no sofá.

Parei na frente dela e disse: "Mãe, por favor, levanta."

Ela me olhou assustada: "O que aconteceu, meu filho?"

"Eu quero te abraçar."

Ela ficou em pé e começou a chorar. Ficamos abraçados em silêncio.
Eu me senti feliz e voltei a escrever no meu blog.
Alguns meses depois, um texto que escrevi sobre o amor viralizou na internet e então realizei um grande sonho.
Publiquei um livro e fiz duzentos mil novos amigos.
Parei de me esconder. Troquei meu medo de me envolver pela coragem de conhecer.
E conheci uma garota incrível. Voltei a sorrir.
Então, meu amigo, quando vejo meu pai e eu abraçados naquela foto, os dois com um sorriso no rosto,
lembro da luta do meu pai para sobreviver
e da minha vontade de viver.
Aquela foto tem um significado: força, gratidão e amor.
Talvez eu nunca descubra a resposta sobre por que meu pai ficou doente e faleceu.
O que posso dizer é que ele me fez ver o mundo de uma forma diferente.
Ele me fez entender que você só descobre quem você é pelo amor.
E que estamos aqui para sair do quarto e nos apaixonarmos,
para escrever sempre uma nova história,
para realizar algo com que sempre sonhamos,
para ter a chance de recomeçar,
para ter alguém para conquistar,
para enfrentar nossos medos
e assumir os riscos sabendo que podemos perder.
Mas, se isso acontecer, podemos usar nossa luz interior.
O fogo interno do amor, a tocha que brilha e sempre guia você.
Nós nunca saberemos o que vai acontecer.

Mas, certamente, estamos aqui para viver.
Esse é meu recado para você aí do outro lado.
E, para meu pai, eu queria dizer apenas obrigado.
Não posso vê-lo, mas eu sei que está aí.
Eu posso sentir.

Choque de amor

O QUE É ISSO que você tem,
que me faz levantar no meio da madrugada pra ir te encontrar?
Quando o telefone tocou e o seu nome apareceu no visor,
eu tive um choque de amor.
Pensei que meu coração tivesse parado.
Como um velho filme romântico,
tudo estava em câmera lenta.
Então, sua voz doce me perguntou: "Ei! Onde você está?"
"Nas nuvens", respondi.
"Bobo! Vamos nos encontrar?", você ofereceu.
"Claro! Tem muita coisa lá fora que eu quero te mostrar", falei.
Eu estava cheio de esperanças e com o coração em chamas.
E, naquele silêncio da madrugada,
desliguei o telefone sem acreditar.
Joguei água no rosto para descobrir se tudo isso
não era um sonho.
Mas eu só tive certeza mesmo quando parei o carro
na porta da sua casa
e te vi descendo na portaria com um jeans rasgado,
botas e uma jaquetinha.

Que cheiro seu cabelo tinha!
Antes que eu pudesse dizer "Oi",
você me beijou com muita vontade.
Senti que aquele beijo estava guardado havia meses,
só esperando que eu e você criássemos coragem.
E, nesse ritmo, aquele momento
foi ficando a cada segundo mais surpreendente.
E nós sorrimos sem medo,
enchendo a noite com beijos e risos até o amanhecer.
Eu não queria ir embora, e nem você.
Enquanto te olhava, eu pensava:
Não posso acreditar que exista alguém assim.
Tão linda e gentil, além de amiga.
Isso a torna mais bela que as outras
que acham que a beleza é apenas o rosto e as roupas.
O tempo passou.
O vidro do carro embaçou e as roupas foram tiradas
do nosso corpo.
Que segurança inexplicável!
Nem quando está nua você fica vulnerável.
E aquela manhã, aquele amor, parece que duram até hoje.
Estava tudo muito incrível.
O fogo não apagava nunca e não faltava combustível.
Quanto mais a gente se entregava, mais convencido eu ficava
de que você, meu bem, era quem eu esperava.

MATHEUS ROCHA

o amor é TERRA

Amor com raízes profundas

EU TINHA POUCA IDADE, mas já amava como gente grande.

Para mim, o amor sempre bastou. O sentimento, os momentos, os gestos espontâneos e os impulsos que ele traz consigo. Aqueles segundos de loucura nos quais a gente só busca uma forma diferente, inédita, uma maneira nova, única, um jeito meio bobo e feliz de dizer que ama o outro, que sente falta, que quer morar num lugar com a nossa cara, ter uma festa de casamento bonita, celebrar a união, ter filhos, viajar para Paris, Londres, passear no Central Park e envelhecer juntos.

Sempre vi o amor de forma simples, sabe? Nunca entendi a necessidade que alguns têm de ostentar a paixão, como se o fato de poder mostrar para todo mundo que se tem alguém para chamar de amor fosse mais importante que o que acontece por detrás das cortinas do casal modelo, de mãos dadas e sorrisos sempre a postos.

Mas o que quero dizer é que, para mim, meu amor exagerado sempre foi justificado. O batimento cardíaco descompassado, o frio na barriga e o medo de perder ou de não ser suficiente para você. A parte boa de tudo isso, pelo menos, sempre foi que esse sentimento me motivou a continuar regando a semente, na esperança de que, no solo do coração, aquela nova hóspede pudesse fincar raízes e ganhar cada vez mais espaço.

Como você já deve ter percebido, amar, quase sempre, não é o suficiente para fazer alguém sentir o mesmo de volta e fazê-lo permitir que cultivemos qualquer semente em seu peito. É que algumas pessoas são egoístas demais para se dividir com alguém. Elas têm pouco de si e não seriam tão bondosas a ponto de repartirem sua seiva com mais ninguém... Nem todo mundo sabe que amar multiplica a gente. Amar nos transforma em dois, pelo menos. Cada um carregando por aí partes do mesmo coração.

Mas nem culpo o outro por não saber se dividir, não saber se multiplicar, não saber somar em um relacionamento. O mundo meio que educa a gente para viver só com a metade que nos cabe. Como se fosse normal e socialmente aceito seguir incompleto. Ou talvez ainda, de fato, existam pessoas que não precisam do amor para trazer um sorriso no rosto. É preciso entender isso.

Mas, falando de mim, sempre senti demais. Talvez só por isso, desde muito cedo compreendi que queria ter alguém para sonhar junto, para realizar agarrado, para celebrar todas as conquistas, para ajudar nos percalços do caminho. Sou da turma que nasceu para viver em par.

Dito isso, quero encerrar explicando que, diante de tudo o que o mundo inteiro pode oferecer a você, eu só tenho o amor para lhe dar. Um amor novo, um amor puro, um amor que às vezes parece com o dos filmes, com as músicas apaixonadas, e que em outros momentos vai parecer um tanto quanto tedioso, inseguro, birrento e ciumento, mas que sabe o que quer, quem quer e não reconhece limites para fazer você feliz.

Regar para florescer

ANTES DE, FINALMENTE, lhe dizer se fico ou se arrumo as minhas malas, preciso colocar para fora uma porção de sentimentos confusos, abstratos e inquietantes que trago aqui dentro... Eu já precisei desistir de muita gente, de muitos amores, de diversas paixões para viver o dia de hoje. Para ter a minha cabeça no lugar e um coração que ainda pulsa.

Minha vida amorosa sempre foi meio hollywoodiana, sabe? Meio tragédia, meio comédia, meio drama, meio romance água com açúcar, meio ficção científica. Já tive amores correspondidos, já deixei de corresponder a alguns, já levei pé na bunda, já passei rasteira, já rastejei e já fiz uma porção de gente se ajoelhar aos meus pés para ficar comigo, ainda que fosse só por uma noite. E não, não estou me vangloriando de nada disso. Estou só remontando o quebra-cabeça que se transformou no cenário que temos agora.

Diante de tudo o que já passei, diante de todo o meu passado e das inúmeras histórias que você também deve ter para contar, nos escolhemos. Chegou um dia, depois de nos conhecermos melhor e de nos darmos por satisfeitos com o que já sabíamos, em que resolvemos engatar uma história. Um namoro. Resolvemos caminhar juntos, lado a lado, e não só na mesma direção. Demos um passo adiante e firmamos um compromisso. Uma espécie de pacto que os apaixonados selam quando decidem habitar um só coração.

Durante muito, muito tempo, seguimos assim, como se estivéssemos dentro de uma redoma de vidro, de uma cápsula. Havia ar suficiente para dois, comida, carinho, atenção, compreensão, nunca faltava diversão, entretenimento, ainda que os momentos de tédio fossem inevitáveis, mas, sobretudo, era seguro estarmos sozinhos ali. Só eu, você e o amor que a gente cultivava junto. Até que essa roseira começou a secar.

Confesso que já havia percebido que todas aquelas coisas que um dia foram suficientes para só nós dois já não davam mais conta de sustentar as nossas vontades, os nossos desejos, os nossos olhos curiosos pelo mundo que existia além da nossa bolha. E aí, então, veio o que eu já previa: o ar começou a escapar quando você abriu uma janela para ver as pessoas passeando pela rua.

E eu não culpo você. Talvez, em algum momento, eu mesmo tivesse feito isso. A gente nunca sabe o que pode acontecer, não é mesmo? Quando duas pessoas resolvem ficar juntas, a gente nunca sabe aonde isso vai dar. Como vai terminar, ou melhor, se vai... Será? Será que depois de tantos momentos, segredos e silêncios compartilhados juntos, esse é o nosso fim? Continuemos...

Como já disse, desistir nunca foi um problema para mim. Já precisei matar muitos sentimentos para continuar vivo. Já vivi mais dias sem aqueles que eu jurava que morreria se perdesse do que dias em que houve lágrimas derramadas antes de dormir. Mas agora é diferente. Eu tenho um medo absurdo de perder você.

A gente passa a não aceitar qualquer migalha de amor depois que sabe o que é se fartar com um pão inteiro. A gente se acomoda a ter aquele amor que protege de todos os vilões, que afugenta todos os gaviões com a agilidade e a destreza de um ciúme que é feito garra, que consegue transformar qualquer lugar no paraíso de um abraço. Então, se você fosse eu, como diria adeus para tudo isso?

Eu fico. Fico porque entendi que amar é renunciar. Amar é deixar de lado o orgulho, a razão. Amar é aprender a entender o outro e, principalmente, ter a exata noção das dimensões dos acontecimentos. Você espiou pela janela, percebeu que existia um mundo inteiro ao redor da nossa redoma, mas escolheu ficar. Não abriu a porta, não convidou mais ninguém para entrar, apenas viu o dia, as cores, as formas, se deu por satisfeito com tudo que tinha e escolheu fechá-la. Se fechar de novo para o mundo e dar uma nova chance para a nossa história.

Por fim, preciso ainda colocar para fora uma porção de sentimentos confusos, abstratos e inquietantes que trago aqui dentro de mim... Eu já precisei desistir de muita coisa para estar aqui, mas não vou desistir de você porque isso significaria desistir também de mim. Eu escolho você. Eu escolho a mim. Eu escolho a gente. Juntos. Para um amor real, ainda que o "felizes para sempre" fique para depois.

Você preenche meus vazios

HOJE FIZ UM EXERCÍCIO MENTAL para tentar entender quantos por cento de mim necessitam de você. Talvez essa seja mais uma das viagens loucas e desnecessárias da minha cabeça enquanto ela não se rende ao sono, enquanto não espera dormindo um novo dia chegar. Mas fiquei tentando dimensionar o quanto, de fato, eu preciso de você... E acabei por descobrir que nosso amor é o que me sustenta em pé.

Depois de um passado em que a dor do amor me mostrou sua pior face, prometi que não me entregaria de bandeja a mais ninguém. Prometi que não emprestaria mais minhas músicas favoritas a qualquer pessoa que cruzasse meu caminho. Aceitei, de uma vez por todas, que seguiria uma vida inteira no singular, sem conseguir achar meu plural. Sem conseguir conjugar os verbos no tempo de outro alguém. Sem entender, de novo, o que era estar apaixonado em primeira pessoa por alguém da segunda.

Desde aquele 21 de fevereiro, foi carnaval dentro de mim por um ano inteiro. Desde aquele dia em que a vida empurrou a gente para o mesmo lugar, decidi que queria compartilhar com você mais alguns espaços – cabeça, coração, cama, casa, vida. E você, como quem já tinha aceitado tudo e concordava com todas as cláusulas de um contrato que nem leu, se mudou de mala e cuia. Foi ocupando cada vez mais outros espaços – meses, semanas, dias, horas, minutos, segundos, a minha respiração, o ar que me entra pelos pulmões, o arrepio que me sacode os pelos, o gosto do meu beijo. Hoje, eu já não sei qual parte de mim ainda sou eu e qual a outra parte em que você começa em mim. Dizer que te amo, a esta altura, não seria suficiente. Eu tenho sede de você. Eu tenho fome de você. Eu tenho necessidade de você.

Por fim, 50%. É isso. Ou melhor, só isso. Só metade de mim precisa de você. Porque eu nunca quis alguém que me transbordasse o copo, como todos os meus amigos sempre me disseram que era certo. Sempre precisei de alguém que preenchesse o vazio que eu sentia dentro do peito. Sentia, no passado. Sentia até o dia em que você chegou. Chegou para me mostrar que o buraco que existia no meu coração era justamente mais um dos espaços que você viria ocupar, além de todos aqueles outros, da cabeça, da cama, da casa... Mas agora a dois.

A pressa dos apaixonados

O AMOR É PACIENTE. Vivo repetindo isso para mim mesmo, como se essa frase me permitisse ser como o amor: paciente, calmo, sereno. Tranquilo, como quem colhe flores e sentimentos no orvalho. Vagaroso e observador, como quem caminha na beira da praia sem destino nenhum, apenas sentindo a brisa do mar. O amor traz calmaria, e existe também na pele de quem sente dor mas não tem doença. Porque ele é a cura. E não se espante, pois todo apaixonado precisa dos mesmos cuidados de um acamado – afeto, afago e calor, especialmente humano.

O amor requer paciência. Vivo repetindo isso para mim mesmo, como se essa frase me permitisse entender como é, de fato, amar. Mas talvez a calma para sentir seja aceitar que precisamos lidar com um sentimento que nunca se revela por inteiro, apenas por etapas, por partes. Primeiro é forte, depois enfraquece, aí ganha fôlego, força, então despenca, fica morno, queima, arde e segue.

O amor, apesar de tudo, também sabe ser impaciente. Ele não pede licença, mas invade. Ele não bate à porta; pula a janela. Não acalma o coração, mas bagunça. Não faz você ir dormir sorrindo sempre, mas o acorda sempre com um sorriso. Ele não cumpre promessas, mas supre (e vai além de todas as) expectativas. Ele não promete que será eterno, mas se vale de cada instante para ser plenitude.

O amor não reconhece nossas ansiedades, não segue prazos, não cumpre agendas, não marca horários e compromissos. Ele atrasa. Está, quase sempre, atrasado. Constantemente já era para ter chegado ou, infelizmente, já era para ter ido embora. Ele tem seu próprio prazo de validade. Às vezes dura, às vezes não. Às vezes bate de novo na mesma porta, às vezes esquece o endereço.

Tento, quase sempre, me lembrar de quem já fui um dia, para não esquecer de quem sou agora: um apaixonado. É que só quem já viveu a agonia de não amar ninguém, de não sentir o menor acelerar do coração, pode testemunhar o horror que isso traz. No começo, confesso, dá certa paz. É como se não existissem preocupações. Mas, depois, vem o tédio. A monotonia. A mesmice que é não ter os mesmos cuidados de um ser amado: afeto, afago e calor, especialmente humano.

Tenho pressa de amar. Pressa de viver um amor. Pressa de ser amado. Pressa de ser o amor de alguém. Mas, como já disse, o amor tem um quê de paciência. Não se preocupa com nossas ansiedades, prazos, agendas, horários e compromissos. Ele está, quase sempre, atrasado. Mas, quando chega, é como se a solidão nunca houvesse existido.

Motivos concretos para amar

DIVERSOS SÃO os argumentos dos quais se valem os apaixonados para justificar seus amores. Para alguns, foi o momento. Para outros, foi a circunstância. Para um terceiro grupo, foi o convívio. Para um quarto, motivo nenhum. Para mim, foi seu olhar. Ninguém no mundo nunca me olhou como você, no exato momento em que cruzamos, um de frente para o outro.

Sei que parece loucura dizer que me apaixonei pela sua forma de me ver, mas é que não existem outras explicações. Nunca fui uma pessoa que costumava atrair olhares. Nunca fui alguém que era, sei lá, visto por inteiro. Ou era assim que eu me via – em partes. Em pedaços. Acontece com todo mundo que foi deixado. Que, de uma forma inexplicável, recebeu um adeus de uma paixão anterior.

Neste exato momento, em algum lugar do mundo, com toda a certeza, existe alguém que está chorando pelo fim de um namoro, de um casamento, por não ser correspondido. Confesso que, até seu olhar me tocar, fazia parte do mesmo grupo. Sentia como se eu não coubesse em coração algum. Como se jamais alguém pudesse me amar do jeito que eu era. Um tanto quanto indefeso, apesar das garras à mostra. Um tanto quanto machucado, apesar das feridas cicatrizadas.

Você me amou à primeira vista. Amou como eu só havia visto em filme, lido nos livros, nos clássicos. Os modernos, os contemporâneos já não trazem mais amores como os nossos. Talvez este aqui faça a diferença. Mas a questão é que você me amou como eu só imaginava ser possível nos meus sonhos. Em minhas expectativas.

É, meu amor... Diversos são os argumentos dos quais se valem os solteiros para justificar seus desamores. Confesso que já me vali das mais fúteis desculpas, mas na verdade só queria me convencer de que, já que não era possível amar como o cinema havia me ensinado, preferia me iludir com clássicos da literatura a viver qualquer romance meia boca. Já tinha aceitado a solidão como algo constante e não mais perene, como cheguei um dia a desejar que fosse.

Mas, aí, você me olhou. Você me notou. Você juntou todos os meus pedaços com um simples relance de olhar. E sei que isso parece completamente ridículo dito dessa forma, mas já fui ridículo de muitas outras, principalmente quando cheguei a acreditar que jamais seria amado como achava que merecia ser. Como sou hoje. Como já sou faz algum tempo, desde que... você me notou.

Parece até falta de sensatez dizer que me apaixonei pela sua forma de me ver, mas é que já não existem outras explicações. Amar você me fez encerrar uma busca que, silenciosamente, persegui por muito tempo: a jornada para me sentir inteiro outra vez. Você ocupou os pedaços entre os meus cacos com amor. Cada gota da cola que me devolveu a integridade do coração tem sabor da saliva que a gente troca quando se beija.

Semente no chão fértil

NUNCA FUI O TIPO DE GENTE que acredita no poder do tempo, ou melhor, não acredito que dar um tempo resolva as coisas que precisam ser resolvidas entre um casal. O que as pessoas precisam, na verdade, é entender se existe amor. Existindo, o que precisa acontecer é o diálogo, a conversa, a retirada das farpas que vão entrando no coração com o decorrer dos dias. O perdão por todos os pecados cometidos.

Só quem ama muito alguém é capaz de recomeçar. Porque as pausas, os desnecessários hiatos, não unem as pessoas. Só afastam. Elas permitem que o que já estava ruim piore. Permitem que novos elementos apareçam, que velhas inseguranças floresçam novamente e que a comodidade de não ter ninguém mascare (ou pelo menos tente) os sentimentos.

Já vivi uma história que precisou acabar depois de um tempo. E, por mais que naquele momento tenha me feito sangrar, a lição necessária que aprendi foi: não desista de tentar de novo quando seu coração pedir. E é isso que estou tentando fazer com este novo amor – recomeçar. Redescobrir nossos carinhos, nossas confidências, relembrar o que de melhor tínhamos e os dias varreram para debaixo do tapete.

Falando assim, nem parece que diante de uma decisão dessas se escondem lágrimas. Mas até elas são necessárias, como o amor tem me ensinado. É necessário se esvair. Colocar para fora. Abaixar a maré do peito e deixar que as ondas de sentimento escapem pelos olhos, aliviem o coração, tirem do peito o pranto.

Na terrível dúvida entre se afastar e se escolher mais uma vez, cada um de nós precisa renunciar a várias coisas. O passado é a principal delas. É que, com o passar dos meses, dos aniversários de namoro, vamos guardando pequenos gestos, fatos, acontecimentos e deixando que o ciúme nos faça colecionar lembranças capazes de, em ordem alfabética ou cronológica, nos tornar uma metralhadora de rancor, de feridas abertas, de histórias não superadas, e de nos emprestar uma lente de aumento para crescer os fatos. As formigas parecem elefantes quando se enxerga com os olhos da insegurança.

É preciso se perdoar. É preciso perdoar o outro, inclusive, pelos pecados que nem ele mesmo sabia que havia cometido. É que nós, às vezes, pecamos sem perceber. São ausências, displicências, palavras e gestos que deveriam vir, acontecer, existir, mas não foram possíveis. Ou, então, perdoar por tudo aquilo que o outro acha certo, tem plena convicção, mas é uma verdadeira pisoteada em nossos calos.

Nunca acreditei que dar um tempo resolveria as coisas, e só por isso lhe pedi para ficar. Só por isso escolhi ouvir a voz do meu coração, que é louco por você, pelo seu cheiro, pelo som do seu riso, pelo brilho dos seus olhos, pelas suas formas e pelo seu ser.

Só quem ama muito alguém é capaz de recomeçar, de escolher resolver as diferenças. É capaz de preferir viver o presente e o futuro, trazendo do passado só o que foi bom, o que a alegria deixou filtrar. O que não pesa no coração. O que não ocupa o que deveria ser amor com qualquer outro sentimento menos nobre.

O que a gente precisa, na verdade, é entender que o amor existe. E, só por isso, escolhemos recomeçar. Se o solo é fértil, a semente sempre vai brotar de novo. Mas recomeçar não significa chegar ao mesmo destino apenas corrigindo os erros. Significa, sim, se permitir, juntos, seguir por caminhos diferentes dos já trilhados anteriormente, parando apenas para abastecer o relacionamento de carinho, conversas e motivos que nos mostrem, todos os dias, que não existe lugar nenhum melhor do que esse amor.

Minha medida de carinho

EU PODERIA COMEÇAR DIZENDO como são agradáveis os nossos encontros ou o quanto me sinto bem em ter a sua companhia. Só que acho que nenhuma palavra seria fiel ao meu estado de espírito. Mas, ainda que elas não sejam suficientes para mais uma declaração de amor, me são a única ferramenta disponível a esta altura, nesta distância que persiste entre os nossos corpos, nesta lonjura que nos separa neste momento e me faz ter em minha cama não o seu calor, mas sua saudade. Fria e indigesta.

Para ser sincero, vivo me controlando para não lhe escrever coisas assim o tempo todo. É que já me disseram uma vez que soa piegas, que parece pegajoso demais ser tão doce assim. Não quero ser mais um namorado desses “grudentões”. Quero ter a medida certa para fazer você feliz e manter você sempre por perto. Dessa forma, meio que engulo algumas palavras para cantarolá-las em momentos mais oportunos.

Mas, já que criei agora a ocasião de me declarar, queria dizer que você se tornou minha referência de carinho. É que, inevitavelmente, não somos mais folhas em branco de um livro inteiro. Já escrevemos outros capítulos antes, já temos bases de comparação. Por isso mesmo, você se tornou minha medida, minha escala de carinho, atenção, compreensão, de parceria, de amor. Nós hoje somos a régua que mede a paixão, que dá a exata dimensão do quanto nos pertencemos e somos felizes por isso.

Sempre que a gente se encontra, se por algumas horas ou dias, volto para casa um tanto quanto mais leve e pesado na mesma medida. Leve por ter recarregado em seus braços as minhas energias. Pesado porque a saudade e a vontade de ainda ter você ao meu lado me fazem esmorecer os ombros.

Que eu te amo, você já sabe. Mas esse é o tipo de coisa que não me canso de repetir. Muito pelo contrário, gosto mesmo é de me fazer de esquecido e fingir que não disse nos últimos dez minutos, pelo menos, meia dúzia de "Eu te amo" e enfiei seus olhos adentro outros tantos corações pelas janelas que me ligam a você enquanto o celular me ocupa as mãos.

Aqui, de longe, ao me lembrar do nosso encontro mais cedo, uma frase ecoa pela minha cabeça e acho justo fazer você saber: do sorriso mais lindo que já vi no mundo, eu era o motivo, o amor era a causa, e o beijo, a consequência. E QUE BEIJO! Parece que, quando nossos lábios se tocam, os anjos cantam, as flores desabrocham, o tempo para e é como se as nuvens fizessem chover amor e encharcassem nossas roupas.

Ops! Acho que exagerei na medida, não é? Fui piegas, bobão e me excedi na doçura das palavras, não foi? É que nunca acho que disse que te amo o suficiente. Sempre durmo com a sensação de que ainda poderia ter reafirmado mais. Demonstrado mais. Ter perdido menos tempo fazendo qualquer outra coisa que não seja ter sua boca na minha, seu corpo colado ao meu… Mas tudo bem. Amanhã a gente se vê outra vez. Por ora, meu amor, durma bem. Estou contando os segundos para tê-lo em meus braços outra vez.

Que o tempo pare pra gente se amar

EU ME ARRUMO, escolho o perfume que você gosta e torço para o tempo passar ligeiro até a hora marcada. Depois, dali em diante, o relógio poderia parar. Os segundos poderiam nem sequer existir mais. Os minutos poderiam se esquecer de que precisam se somar para fazer as horas. Depois que a gente se encontra, os instantes seguintes deveriam ser eternos. Mas não são.

Sempre que volto para casa depois de um tempo na sua presença, tenho a exata sensação de que deixei um pedaço meu cair pelo caminho. Não é como quando esqueço a carteira em algum lugar. Não é como quando apalpo os bolsos achando que perdi o celular. Quando volto para casa depois de um dos nossos encontros, sinto que deixei meu coração no seu beijo e trouxe as lembranças da gente no lugar.

Confesso que, desde que encontrei você, tenho um certo rancor dos dias úteis da semana. É que eles nos impõem uma certa distância. Precisamos ganhar a vida, o nosso sustento, precisamos correr atrás dos nossos sonhos, trabalhar, estudar, vencer, superar, nos ver rapidinho numa fração injusta de tempo, que não dá para matar o tanto da saudade que me abraça no seu lugar.

Gosto especialmente da calmaria dos sábados. Gosto de como eles são largos e neles cabem os nossos encontros. Gosto de não ter a pressa da segunda, a agonia das terças, as quartas estressantes, os sorrisos de quinta categoria e até a sexta-feira, que parece não passar nunca. Gosto da sua nuca. Gosto do seu corpo, que os finais de semana me permitem tocar como gosto. Como sinto falta nas quarenta horas semanais que eu gasto trabalhando e querendo estar com você.

Nossos encontros não deveriam ter fim. Juro que poderia ser julgado, condenado, destinado a passar todos os meus dias, de hoje em diante, algemado a você. Acorrentados. Nós dois. Enclausurados dentro do nosso amor. Dentro de um eterno reencontro. Dentro de um dos nossos passeios. Das casquinhas de sorvete, das pizzas, do cinema, dos filmes agarradinhos no sofá de casa, que adoro fingir que estou assistindo, quando na verdade tudo que me importa é estar ali, juntinho de você, sem pensar em mais nada. Sem preocupação alguma com a chuva que está para cair.

Sempre que volto para casa, depois de um tempo na sua presença, tenho a exata sensação de que deixei um pedaço meu cair pelo caminho. Às vezes, deixo que algo propositalmente caia, só para ter uma desculpa esfarrapada para ver você de novo. Ou você acha que vivo deixando coisas minhas na sua casa à toa? Ou você pensa mesmo que meu jeito esquecido de trazer coisas suas achando que são minhas, na esperança de você precisar delas, se deve só ao meu jeito desligado de viver?

Quando volto para casa depois de um dos nossos encontros, sinto que deixei meu coração no seu beijo e trouxe seu cheiro no

Tirando o pó do coração

NÃO SEI MUITO BEM QUANDO, não entendo muito bem por quê, mas, todas as vezes que penso na gente, sinto um frio na barriga. Desconfio, cá com meus travesseiros, que seja medo. Não é medo de perder você, não é medo de não ser amado de volta, é um estranho medo de não ser merecedor de receber o amor de alguém como você. Será que você me entende?

Durante minha vida inteira idealizei o amor. Pela falta de sucesso nas paixões, comecei a ocupar minha mente com pensamentos bons a respeito da pessoa que seria, um dia, talvez, a minha escolhida. Você, de cara, superou todos os meus sonhos. Chegou, me revirou do avesso, me mostrou meu melhor lado, tirou a poeira que havia se instaurado em meu coração, me deu mais motivos para sorrir e para planejar uma vida a dois.

Agora, depois que me sinto alguém melhor por ter você ao meu lado, me pergunto: "Mas será que eu faço o mesmo? Será que eu tenho alguma parcela boa na vida desse alguém? Será que eu mereço um amor assim? E se eu não merecer você?" E aí, a essa altura do campeonato, o frio na barriga já vira nó na garganta.

Só Deus é testemunha de quantas vezes já me inquietei, só na última semana, com essas questões mal resolvidas que insistem em martelar minha cabeça. Acho que esse é meio que o preço que se paga por namorar alguém que a gente admira. Alguém que serve perfeitamente de espelho, de padrão, alguém para quem você pode olhar e se orgulhar de ter por perto. A diferença é que eu também gostaria de ser essa pessoa para você, mas sinto que acabo metendo os pés pelas mãos.

Nessa tentativa louca de ser o número que o veste, que serve em você, já tentei filtrar minhas energias, ser mais positivo e menos pessimista. Já tentei ver o lado bom de tudo, assim como você automaticamente faz. Já tentei mudar minhas piadas, às vezes um tanto quanto descabidas. Já pensei em mudar meus gostos musicais, minhas preferências de filmes, de séries, de livros, de passatempos... Mas estou quase desistindo.

Todas as vezes que quase fui além do meu limite para ser aquela pessoa que acho que você merece, me afastei de mim. É como se eu desse dois passos em sua direção e três para longe do que sou. Acabo indo de encontro a toda a minha vontade de ser eu mesmo e começo a me policiar o tempo todo. Na postura que tenho diante das situações, nas expressões que preciso usar para ser mais claro, nas palavras que preenchem meu vocabulário...

Acho que talvez seja a hora de não permitir mais que essas dúvidas me inquietem. É que eu já era essa pessoa um tanto quanto imperfeita quando você me conheceu e me escolheu de volta. Essa pessoa que, mesmo metendo os pés pelas mãos, mesmo dizendo coisas descabidas e fazendo diversas piadas sem graça, te ama. E ama de uma forma completamente única.

Como ainda não inventaram uma forma de testar quão bem um faz ao outro, me valho das palavras mais usuais e clichês para, mesmo sem dados exatos sobre o quanto sirvo para você, terminar esse desabafo com uma simples afirmação: quando você me abraça, me sinto como uma peça de quebra-cabeça que esperou a vida inteira pelo encaixe perfeito e agora pode repousar tranquila porque encontrou a parte que lhe faltava.

Saudade que tira o sono

ANTES DE DIZER qualquer outra palavra, me desculpe. Perdão por ligar assim, no meio da noite, de tirar você do conforto da sua cama e do sono tranquilo. É que eu precisava dizer que ainda não consegui dormir porque estou pensando em você. Me bateu uma saudade que se transformou em insônia, e alguma coisa me disse que eu só conseguiria descansar depois de ouvir a sua voz.

Neste exato instante, ultrapassamos uma barreira difícil de ser transposta: estamos há mais de vinte e quatro longas horas sem que nossos olhos se toquem, se encontrem. Sem que nossas bocas se abracem. E, não sei para você, mas para mim está parecendo uma tortura toda essa distância.

Pelo que você pode perceber nesses primeiros segundos de ligação, sim, sou o tipo de amor que sente saudade. Mas não aquela saudade tranquila, que suporta distanciamentos razoáveis por entender que alguns dias da vida são mais corridos que outros e, por mais que a vontade seja grande, a gente não consegue se encontrar. Sou aquele tipo de apaixonado que não se conforma com a ausência do amor. Que não dorme, apesar do cansaço, sem uma pequena porção de afago.

Não sei se você aí, do outro lado do telefone, está me achando muito sem noção, se está rindo ou se só está esperando eu desligar para ir dormir como se nada tivesse acontecido, mas aprendi, ao longo da vida, a não perder oportunidades. Principalmente para dizer que amo quando esse sentimento existe. Então, só por isso, fui egoísta o suficiente para obrigar você a escolher me atender em vez de se render ao descanso.

Queria ainda, antes de desligar, sussurrar – já que pelo avançado das horas, se usasse meu tom de voz usual, iria acordar a casa inteira – que tudo o que eu mais desejei hoje foi um abraço seu. Sabe quando o corpo beira a exaustão e você imagina, automaticamente, um lugar de paz? Então. Foi dentro do seu colo que me enxerguei e encontrei conforto.

Ditas todas essas verdades, que me causarão vergonha ao acordar amanhã, acho que já posso desligar, mesmo antes de esperar que você diga qualquer palavra para tentar me dizer que eu não preciso ter vergonha de telefonar de madrugada, perturbar seu sono, invadir sua paz e dizer, com a cara mais lavada do mundo, que eu só queria escutar sua voz.

Então, sendo assim, peço que continue como está agora, me permitindo só ouvir o barulhinho um tanto quanto ofegante da sua respiração. No mais, meu amor, durma bem. Amanhã eu já separei um tempo na agenda imaginária das obrigações e escrevi seu nome com alguns desenhos meio tortos de fogos de artifício para simbolizar a alegria que será encontrar você para matar a saudade.

Amor pé no chão

CONFESSO QUE SEMPRE esperei demais. Sempre idealizei muito todos os meus relacionamentos. Sabe aquilo de sonhar com contos de fadas, de esperar que todo mundo viesse para ficar, de achar que todos os dias fossem feito sonhos, que todas as manhãs parecessem doces e todas as noites em que me deitasse para dormir me sentisse com o coração cheio, quente e em paz? Então... O amor me mostrou que, na prática, quase nada disso acontece. A realidade é sempre mais frustrante que o aconchego da imaginação.

Talvez por isso, muitos dos meus namoros não tenham vingado. Acho que a vida real sempre destruía a rotina de acontecimentos que eu esperava que se sucedessem. Afinal, quando a gente ama e pensa no amor, não incluímos as brigas, as diferenças, não consideramos as desavenças e nem sequer ponderamos as inseguranças, as intemperanças, as birras, o tédio, as tardes de domingo e, tampouco, a vontade que bate, às vezes, de ficar sozinho, no escuro, olhando para o nada e pensando em tudo.

Quando idealizamos um amor, só pensamos nos passeios, jantares, viagens, nas idas ao cinema, no dia dos namorados e em presentes fofos, criativos. A gente só enumera uma playlist de músicas para cada um dos momentos de paixão, de calor, de romance, de corpos colados, suados, mas nunca ninguém separa um som para curtir depois de uma "DR", quando a relação precisa, a qualquer custo, ser discutida para que o dia seguinte veja o nascer do sol.

Foi amando que aprendi que amar é uma coisa muito diferente de tudo aquilo que eu supunha que era amor. Foi com o passar dos dias dentro de um relacionamento que entendi que nem só o amor une duas pessoas. Nem só a paixão é responsável pelo próximo mês, nem só o tesão é capaz de estimular um beijo, um toque, uma carícia. Foi com o passar das desavenças que aprendi a dar valor aos momentos de paz e de tudo aquilo que a gente constrói em par, juntos, para ninguém, nenhum outro, ousar derrubar.

Foi amando que aprendi a escolher. Escolher ficar. Não partir. Permanecer. Escolher virar a página. Recomeçar. Recomeçar de novo. Recomeçar mais uma vez. Dar mais uma chance. Dar a última chance. Escolher o amor. Ainda que, antes de qualquer uma dessas vezes, eu escolha ser feliz.

Quando a gente ama alguém, sempre (e digo isso com toda a certeza do mundo), sempre pode escolher continuar. Ainda que a maré não esteja para peixe. Que as ondas estejam fortes demais. Que pareça muito mais seguro fora daquele relacionamento. Quando o coração bate apaixonado, a gente escolhe remar e não deixar o barco afundar.

Confesso que sempre esperei demais. Sempre idealizei muito todos os meus relacionamentos. E aí a realidade me convidou a sentir na pele o que é, de fato, estar com alguém, e garanto que, desconsiderando algumas expectativas frustradas, estou feliz. Entendi que o amor, apesar de reservar surpresas inimagináveis, de muitas vezes me roubar a calma, a paz e devolver tudo isso em dobro, é capaz de me fazer dormir com o coração cheio e aquecido.

Só quem já entendeu que amar não se parece, ao menos de perto, com nenhuma das histórias dos livros de contos de fadas, repletas de príncipes, princesas, cavalos, castelos e passarinhos que cantam e encantam a gente, entende o que é, realmente, o amor. E ele, meu amigo, nada mais é que um estágio de loucura que só quem sente é capaz de entender. É sentimento que nenhuma palavra é capaz de dimensionar, mas, mesmo assim, ainda ouso dizer que a melhor frase para resumir essa emoção sinestésica é: eu sei que poderia ir a qualquer lugar, com qualquer pessoa, mas escolho você. Com tudo o que sou, com o pouco que tenho e com o infinito que sinto.

Afundando em areia movediça

NINGUÉM NUNCA SE PREPARA para o fim. A gente se organiza para fazer uma viagem, comprar um carro, a gente se programa para ir a uma festa no fim de semana, ao aniversário dos melhores amigos, a gente planeja comprar uma roupa nova, um livro interessante, mas nunca está pronto o suficiente para dizer adeus a um amor.

Todos estamos castigados demais, entende? Se você olhar ao seu redor, quase todo mundo tem uma ferida de um relacionamento anterior, de uma paixão que não vingou, de um amor que chegou ao fim. Sendo assim, todos estamos apegados demais aos resquícios de felicidade. Não existe, dessa forma, a menor possibilidade de nos prepararmos para levar um pé na bunda. Para o "Desculpa, mas não dá mais".

E olha, confesso, só de dizer "não dá mais", quase sinto um frio na barriga. É que o sentimento do fim, o gosto da solteirice quando ainda se tem amor, é amargo demais. Não existe nenhuma sensação no mundo parecida com o final de um namoro. É como se o mundo começasse a desabar. Prédios, casas, é como se tudo fosse ao chão, que parece se abrir. Vamos afundando na areia movediça do coração e sendo asfixiados por mãos invisíveis.

E o que vem depois são tentativas. Fúteis, na maioria das vezes, para reerguer tudo e colocar cada sentimento em seu devido lugar. Tentativas de superar os costumes de ligar antes de dormir, de marcar numa publicação interessante do Facebook, de ouvir certas músicas e rememorar, de comer alguns pratos favoritos do outro e não chorar ao lembrar que depois da primeira garfada sempre vinha um selinho, um beijo roubado ou um sorriso de felicidade, porque o corpo estava em festa.

A vida, depois que a gente precisa assassinar um sentimento dentro da gente, sempre segue mais cinza. Mas não o cinza bonito dos dias nublados. É uma cor desbotada, como se todas as memórias estivessem sendo manchadas, como se as lembranças boas, as fotografias mentais, fossem uma a uma sendo rasgadas, amontoadas, e o fogo as consumisse. Queimamos até não restar quase nada que ainda nos faça doer. Até que surja ali, no lugar que aquele amor ocupou um dia, um espaço vago para preencher com um novo alguém.

Nesse processo de revitalização do coração, nessa tentativa de reanimação, ainda precisamos conviver com a dependência química da química que nossos corpos tinham. Dos arrepios, dos afagos, dos estragos que ficaram pelo peito desde que o último dia de felicidade chegou e não deixou mais nenhum sorriso vingar.

Mas nenhuma dependência dura para sempre. Não quando existe a vontade de mudar. Porque, se a vontade existir, chega uma hora, chega um dia, chega um ponto em que a gente se basta. Que a gente decreta falência para aquela dor. E, nesse momento, sabe o que acontece? Encerramos o ciclo. Sepultamos de vez aquele alguém no lugar em que ele resolveu morar: no passado.

E, já que entramos nos tempos verbais, o futuro ainda é uma incógnita. Ele, por enquanto, é só uma suposição, um desejo, uma esperança de que tudo, finalmente, floresça, vingue, dê certo. Mas uma coisa espero, tanto para mim quanto para você: ainda iremos amar de novo, de novo e de novo, mas só até acharmos a pessoa certa pela qual faremos questão de nos apaixonarmos mais um pouquinho, todos os dias, durante todos os outros longos dias das nossas vidas.

Paixão definida

BUSCANDO SUA ORIGEM, vejo que a palavra "paixão" vem do latim *passio*. Em tradução livre, ela significa "sofrer", "aguentar", "suportar". E não seria essa a verdadeira leitura que todos nós, os apaixonados, fazemos do sentimento? Só nossa sombra é testemunha do quanto penamos em busca de qualquer parcela de felicidade quando o assunto é estar apaixonado, amando. Porque ser amado... ah, isso é algo tão, mas tão raro!

No idioma grego, "paixão" deriva da palavra *pathe* que, se traduzida, significa "sentir". Eu sinto muito. Sinto muito mesmo. Eu sinto por mim, pelos meus melhores amigos, pela moça que eu vejo chorar na sala de cinema, sinto pelo garçom do restaurante, pela torcida do Flamengo, do Vasco, do Grêmio e até do Palmeiras.

Foi só no século XIV que a palavra "paixão" passou a ser definida como algo que designa "forte emoção" ou até mesmo "desejo". Para mim, desde muito cedo esse sentimento já significava todas essas coisas. É que minha primeira decepção amorosa aconteceu ainda nos anos iniciais da escola e perdurou por quase toda a minha formação acadêmica.

Só mais tarde na história do calendário é que estar apaixonado ganhou ainda mais outros sentidos. Hoje também podemos usar a paixão para dizer que "temos um grande apreço por". Mas, fala sério? Eu tenho mesmo é uma queda, um despenhadeiro, eu tenho uma bola de neve que desce a montanha trazendo consigo tudo o que vê pela frente quando o assunto é gostar de alguém.

Talvez eu devesse criar minha própria definição dessa palavra. É que, pelo visto, as pessoas são discretas e contidas demais quando falam sobre sentir algo por alguém. Tudo bem que é impossível transmitir com clareza e exatidão os sentimentos nas páginas de um dicionário, mas eu não sei como ainda tenho cabelos, cordas vocais e dois olhos. É que, se eu já não arranquei cada fio, travei a voz com nós na garganta e perdi os olhos em meio à cachoeira que eles se transformam de vez em quando, é porque, volta e meia, paro e respiro fundo.

Só minha sombra é testemunha de quantas vezes já perdi a compostura por não ter alguém. Por sentir algo que não é recíproco. Mas, todas as vezes que achei que não iria existir o dia seguinte, o sol nasceu. E se pôs, como faz diariamente. Ele me ensinou a real definição do que é estar apaixonado: começar tímido, receoso, passar algum tempo e surgir ali, vigoroso, intenso e brilhante, mas com a consciência de que, depois de um tempo, vai ser preciso deixar outro corpo celeste no topo.

A chegada da lua, também iluminada pela luz da paixão, me mostrou que, apesar de o sol estar lá do outro lado do mundo, acendendo a vida de outro alguém, sempre vai existir uma nova forma de amar. Às vezes cheia, minguante, nova, crescente, às vezes eclipsada, mas sempre, com toda a certeza, ainda haverá outro astro lá em cima para a gente amar.

Seu perfume roubou meu chão

ESSES DIAS, andando pela rua, cruzei com seu cheiro e foi, de longe, a melhor e a pior coisa que me aconteceram nos últimos tempos. A melhor, porque eu, por alguns segundos, senti sua presença. A pior, porque você desapareceu na multidão ou nem sequer esteve ali. Foi só um vulto, só uma saudade. Uma saudade absurda de ter de volta tudo aquilo que a gente construiu, mas que de repente passou a ser pouco para você.

Do amor eu conheço as duas faces. E ambas foi você quem me apresentou. Você, com seu sorriso frouxo e com seu jeito intenso de ver a vida, me mostrou muitas coisas, versões e fases de mim que nem eu mesmo conhecia. Mas também você – o mesmo que me ensinou que o amor é feliz – me deixou na sarjeta. Sofri um furto qualificado do coração. Você roubou o chão que eu tinha sob meus pés quando decidiu ir embora.

Mas o que a gente faz quando já está longe de casa, cheio de bagagem, cheio de desejos, mas sem nenhuma condução? Você me abandonou no meio do deserto. Me largou num lugar desconhecido para mim e nem sequer me deu uma pista, um mapa, uma dica de como voltar para a segurança dos seus braços. Agora estou aqui, no meio da multidão de uma rua lotada, sentindo a miragem do seu perfume e pensando em um turbilhão de coisas ao mesmo tempo.

Eu deveria ligar agora, xingar você de todos os nomes que a minha boca suja e a vida me ensinaram e, só antes de desligar, dizer que te amo. Mas sabe o que vou fazer? Chorar. Chorar de novo, da mesma forma que fiz ontem, me achando idiota demais por ter caído no conto do vigário. Idiota demais por ter sido inocente a ponto de achar que o paraíso existia ou que a estadia no hotel cinco estrelas do amor seria eterna. Uma hora a conta chegaria. E eu nem suporte emocional suficiente tenho para pagá-la. Vou ficar lavando os pratos em que você cuspiu depois de comer com meu pranto silencioso.

Não existe mais forma de ver qualquer lado bom em tudo isso. Depois daquele soco no estômago dado pelo olfato, só queria não sentir mais odor algum. Porque agora estou suscetível a entrar no ônibus, no shopping, na minha livraria favorita, e dar de cara com qualquer outra nuca recendendo sua essência. Que droga!

A partir de amanhã, só saio de casa com perfume forte. Vou conseguir para mim uma fragrância tão forte, mas tão forte, que vai se sobrepor a qualquer nota que me lembre você. Não tem lavanda, não tem colônia, não tem nenhum outro aroma no mundo que vá sequestrar meu olfato. Vou transformar minha busca por não sentir seu cheiro numa dessas coisas que chamam de amor-próprio. Só que, no lugar do amor, vou borrifar em mim gotas de péssima memória. Vamos ver se eu não vou esquecer você. Custe o que custar.

Quem ama cuida

CRESCI APRENDENDO com minha mãe que a maior prova de amor que alguém pode oferecer ao outro é o cuidado. Sempre trouxe essa verdade para meus relacionamentos. Diferentemente de todas as histórias que ouço dos meus amigos, percebi que meu sentimento vai muito além daquela mera vontade carnal, sabe? Eu sempre busco algo além. Algo que não é só beijo, mas existe nele. Algo que não é só tesão, mas também causa arrepios.

Para mim, digo que te amo todas as vezes que pergunto se você dormiu bem, logo depois de saber que acordou. Ou quando, assim como quem entende tudo de nutrição mas ainda almoça bebendo líquido, quero saber se seu prato foi colorido, se experimentou a salada e se deixou o refrigerante de lado. Cuido de você até mesmo quando pergunto se tem ingerido dois litros de água por dia ou se não está acelerando demais quando não temos pressa de chegar a lugar nenhum.

Quando você ama alguém de verdade, cuidar vem no pacote. Proteger também. E confesso que, no quesito proteção, sou pior que uma leoa selvagem quando qualquer predador ronda sua cria. É que valorizo muito o que a gente tem. Acho que o nosso encontro foi sagrado demais para vê-lo se desfazer sem lutar com todas as garras para preservar o amor que escolhi viver todos os dias da minha vida.

Para mim, cuido de você todas as vezes que perco o sono para vê-lo dormir. Ou quando escolho uma música que faz você dançar para ouvirmos juntos. Quando escolho seu sabor de pizza favorito. Cuido de você sempre que está frio demais e você insiste em não puxar o cobertor para si. Quando escolho as palavras mais doces para dizer as verdades mais ácidas. Quando preferia que doessem em mim os motivos que, vez ou outra, inevitavelmente o fazem chorar.

Se me permite ser sincero, morro de medo de achar que é loucura essa minha vontade exagerada de cuidar de você, de zelar pelo seu bem-estar, pela sua proteção, segurança, esse ciúme desmedido que, no fim das contas, é só uma forma diferente de impedir que outros queiram fazer as mesmas coisas que já me dão tanto prazer. Tenho medo de você achar que, pelo contrário, estou descuidado ou desligado dos detalhes, desatento aos seus sorrisos ou aos motivos que os fazem brotar.

Só para você saber, esse zelo é a tradução exata do meu *Eu te amo*. E quero que saiba ainda que, para não parecer repetitivo, uso essas formas de carinho para me declarar. Ao contrário dos outros caras bobos apaixonados, não vivo mimando você com presentes, com objetos, itens materiais, mas faço questão de abastecer sua memória com momentos inesquecíveis.

Aprendi que quem ama cuida e que, da boca para fora, a gente diz o que quiser, inclusive que ama alguém. Mas, quando é amor, a gente sente. Transparece nos atos. E eu, meu amor, espero conseguir demonstrar na prática tudo que eu sinto por você. Então não estranhe se eu exagerar nas formas de cuidado e proteção. É amor demais para deixar apenas a cargo de uma frase formada por meras três palavras.

Logout de você

NUNCA FUI DO TIPO que se rende fácil a paixões, mas com você foi diferente. Depois da segunda conversa, parecia que você havia aparecido naquele momento para mudar totalmente o rumo da minha história. Já não éramos mais dois meros desconhecidos que, por ocasião do destino, se esbarraram em um desses aplicativos quaisquer de relacionamento. Parecia que era para durar, mas não passou das aparências.

Engatamos um romance, mas para você sempre estivemos nos conhecendo. Nunca foi um namoro, nunca fomos um casal, nunca conheci sua família, apesar de ter conhecido cada canto da sua casa enquanto ela nos abrigava apenas em segredo. Até aí tudo bem. Eu nunca fiz questão de ser o troféu de ninguém. Nunca quis ser exibido por aí como se fosse um peixe de tamanho considerável pescado quando o mar não estava favorável.

Como todo casal recém-chegado na vida um do outro, as primeiras semanas foram felizes, as conversas religiosamente sincronizadas, encontros aos finais de semana, feriados e escapulidas para passarmos mais tempo juntos. Mas depois você foi me deixando para depois. Pra lá. De lado. Como se já nos conhecêssemos o suficiente e nada mais de novo pudesse pintar.

Eu fui cedendo. Comecei, de um jeito até inédito para mim mesmo, aceitando o pouco que você me dava porque achava que aquilo ali já era muito. Até podia ser, se eu fosse só um carente alucinado por ter alguém, mas eu, logo eu que sempre critiquei quem se doa demais por quem se dói de menos, estava ali, sentado na cama, num final de semana, com o relógio pra lá de meia-noite, contando quantas vezes vi você on-line só nos últimos dez minutos e nenhum "Oi, como está?".

Eu só quero que você saiba que não preciso da sua compaixão. Eu queria seu amor, seu calor, queria seu corpo no meu, queria sair para ver e conhecer o mundo ao seu lado, inventar histórias, ouvir as suas, desabafar sobre como eu tinha ainda um turbilhão de páginas para estudar, como o trabalho anda chato, o quanto odeio fazer dieta, mas a última coisa que realmente queria era a sua pena. Ou chamar para discutir uma relação que, para você, nem sequer havia começado, mas que, para mim, já precisava de um ponto final.

Resolvi fazer então o que aprendi contigo: ficar mudo. Fiquei no silêncio da minha existência por três dias, até que você se deu conta de que, ops, talvez existisse alguém ali, naquela rede social, que talvez gostasse um tantinho assim de você, mas cuja existência – fala sério – você havia ignorado. O que aconteceu dessa vez? A agenda estava lotada? Outra gripe forte?

Preguiça. Comecei a ter preguiça das desculpas esfarrapadas, de parecer interessante, de parecer preocupado. Comecei a bocejar nas suas falas fúteis de como eu poderia tê-lo chamado e dito que sentia saudades, que era recíproco, que a gente tinha tudo para dar certo, mas que ainda não sentia que era sério o suficiente o nosso lance para assumir um namoro. Graças a Deus.

Você acabou tocando no ponto a que eu realmente gostaria de chegar: namoro. Logo eu, que nunca acreditei que alguém pudesse namorar sério alguém que conheceu num aplicativo de relacionamento, estava discutindo a relação com uma pessoa que tem medo de viver um grande amor, uma paixão, ou que realmente não foi com a minha cara. Olha, o sentimento que já era pouco se acabou, e namoro mesmo não tem mais. Não cabe mais nada entre a gente.

O bom dessa modernidade toda que o mundo inventou para encurtar espaços, estreitar os laços, é que ela serve também para inventar distâncias. Excluo você nos próximos cinco minutos de todos os meus círculos, apago seu número do meu celular e coloco os joelhos no chão, rezando para que Deus me livre do desgosto de encontrar você em qualquer lugar e pronto. Seremos os mais novos dois desconhecidos do pedaço.

Às vezes, a gente até tenta gostar de alguém. Até faz um esforço para caber na vida do outro, mas acho que as pessoas estão preocupadas demais em achar a "pessoa perfeita" e perdem a chance de se encantar por pessoas comuns. Ainda bem que esse namorico não deu. Imagina como eu ficaria se me doasse além do que me emprestei e, do dia para a noite, tudo acabando como uma foto deletada da linha do tempo? Fiz *logout*. Foi melhor assim.

Lições de amor que a gente aprende

ATÉ PARECE QUE foi ontem que a gente trocou nosso primeiro beijo, depois de algumas noites acordados até tarde, na madrugada, falando sobre tudo: filmes, livros, músicas e gostos em comum. Até parece que faz uma semana que você, com uma cara de pau deslavada, me chamou para sair, para passear, e eu, morrendo de medo de estar sendo precipitado, quase disse não. Devemos alguns bons "obrigados" aos nossos cupidos e anjos da guarda.

No começo de tudo, éramos os dois inseguros. Nossas formas físicas estavam longe de ser o que os dois queriam para si. Confesso que acho que isso interferiu bastante nas nossas crises de ciúme. É que, sempre que não estamos felizes com o espelho, parece que qualquer outra pessoa mais bonita, mais bem encorpada, que é tudo aquilo que nós gostaríamos de ser, vai aparecer e roubar o outro da gente. Como se, só por suposição, fôssemos donos de alguém. Tolice.

Nos primeiros capítulos da nossa história, ali, logo nas primeiras páginas, foi quando tivemos certeza de que esse amor era diferente dos outros. Ele já nasceu forte. Tão forte que foi capaz de suportar todas as adversidades do caminho. Namorávamos escondidos, no silêncio dos nossos beijos e encontros disfarçados. Conversávamos noites inteiras dentro do carro, parados em qualquer canto da cidade. E fomos, durante muito tempo, felizes daquela forma.

Com o passar dos meses, ousamos mais. Contamos para Deus e todo mundo que vivíamos um romance parecido com os dos contos de fadas, mas, se esse fosse o maior dos nossos problemas, tudo estaria resolvido. Não, não era. Ainda precisávamos enfrentar nossas mentes. "Será que somos, de fato, os melhores um para o outro?", era essa a pergunta que nos inquietava. Que nos roubava o sono. Mas acabávamos recebendo um "boa noite" especial, chorávamos no colo um do outro e tudo passava. Inclusive as crises de insegurança que, vez ou outra, ainda apareciam.

Você me ensinou o que é o amor de verdade. O amor de que eu só havia ouvido falar nas histórias que minha avó contava. É que os mais velhos, as pessoas que viveram em realidades diferentes das nossas, sem conhecer o mundo globalizado, a internet, a rapidez das informações, a fluidez das relações, insistiam mais, persistiam mais, desistiam menos ou quase nunca. Antigamente, os relacionamentos parece que eram feitos para durar e, de fato, perduravam durante muitos anos. Hoje, é como se tudo estivesse programado para acabar, para se esgotar, para terminar.

Foi vivendo nossa história que percebi que ainda existem pessoas pelas quais somos capazes até de passar por cima de nossas próprias verdades. Precisamos, muitas vezes, perdoar, por exemplo. Perdoar o outro por tudo aquilo que ele poderia ter feito mas escolheu não fazer. Por tudo aquilo que ele fez e não deveria ter feito. Por todos os olhares que roubou, devolveu, por todas as palavras que nunca deveriam ter sido ditas, mas já viraram feridas, que são capazes de sarar e, apesar de deixarem marcas, não doem mais.

Nosso amor me deu a maior das lições que eu, um jovem de vinte e poucos anos, só imaginei que aprenderia lá pelos cinquenta, sessenta ou depois que me aposentasse: é preciso aproveitar o presente. É preciso se desapegar de tudo aquilo por que já pedimos perdão. É preciso vislumbrar um futuro, se ainda existir paixão, e trabalhar, lutar para realizar. Mas um realizar juntos.

Nunca acreditei que devesse abdicar das minhas convicções para ficar com alguém, mas percebi que, apesar de me julgar tão certo, às vezes sou e estou extremamente errado (e você está com a razão). E que bom que está. Porque, numa relação, a melhor coisa que pode acontecer é aprendermos um com o outro. E eu, que já lhe ensinei tanta coisa sobre a vida, sobre os dilemas de ser adulto, hoje aprendo a ser mais sereno, calmo, menos ansioso e mais positivo, com você.

Começamos a namorar como dois adolescentes que só tinham como único objetivo a felicidade. Seguimos durante meses, anos, com esse mesmo foco, mas agora, depois de escalarmos juntos uma montanha imensa rumo ao lugar em que sempre quisemos estar, fincamos os pés dentro de uma relação que já passou pelos mais diferentes tipos de testes do destino, mas que é feita por pessoas que sabem bem o coração em que querem morar, dentro dos abraços em que querem estar, compartilhando vitórias sonhadas em par, mas comemoradas por um só: um casal.

Sonhos concretos e abstratos

EU JÁ ME VIREI DO AVESSO, do lado direito para o esquerdo, para o torto, para o incerto, já tentei contar carneirinhos, já fiz viagens mentais, mas o único lugar a que consigo chegar é o pensamento mais próximo de você. Meu amor, já que a insônia aparentemente será a minha companheira esta noite, quero lhe pedir que deixe a janela dos seus sonhos aberta. Quero invadir sua mente e realizar todos os seus desejos, dos mais sóbrios aos mais loucos.

Quem me dera que eu, um pobre mortal, pudesse possuir sua cabeça e viajar nas ondas dos seus sonhos. Talvez assim fosse mais fácil concretizar nosso desejo de dar a volta ao mundo celebrando nossa união em cada porto, ou pelo menos que fosse possível dar beijos eternos e parar o tempo com um estalar de dedos, só para que os momentos em que estamos juntos não tivessem fim.

Falando sério, já que a insônia, de fato, me perturba e que você é a parte boa de tudo isso, quero confessar que já me flagrei diversas vezes vendo cenas do nosso futuro, tal qual um sonho de verdade, mas de olhos abertos. Não sei se todos têm essa mesma capacidade que eu de, repentinamente, conseguir ir para outra dimensão, como se por um segundo eu me desligasse de tudo aquilo que é real e palpável e só fosse para longe de tudo aquilo que já é concreto.

Por diversas vezes, amor, já consegui tocar você quando a saudade apertava. Já fiz dos travesseiros seu corpo. Acho terrivelmente injusta essa distância que a vida impôs à gente. É que amores como os nossos deveriam ter passe livre em qualquer transporte público, aéreo, intergaláctico, para que nós pudéssemos celebrar o prazer de nos termos todas as noites, todos os dias, em cada segundo dos anos.

Sempre que você dorme antes de mim, fico aqui lutando para que o sono me vença também. É que nossa brincadeira de dizer que nos vemos no mundo dos sonhos para mim faz todo o sentido. Dizem por aí que, quando dormimos, nossas almas saem para passear pelo universo. Tenho certeza que, pelo cansaço com que acordo, a minha vive correndo atrás da sua. Ela não reconhece distâncias, não mede esforços e faz o que for preciso para encontrar você. Para ficarmos juntos até o dia, finalmente, amanhecer.

Quando o sol nasce e os passarinhos ganham as ruas para anunciar o novo dia, tenho dois sentimentos de imediato ao abrir os olhos, um seguido do outro: que foi incrivelmente bom gastar a minha noite sonhando com você e... ah, como é melhor ainda acordar e ter a certeza de que tenho mais vinte e quatro horas para realizar tudo o que, na noite anterior, não foi possível.

Vontade real de você

EU ME ENFEITO TODO DE DESEJO, afio minhas palavras até que elas cheguem ao alvo certo e torço para que você me queira. Porque, se a sua vontade não pedir, de nada adiantam a química dos nossos corpos, os beijos, os abraços. Nem a minha vontade. Para que sejamos um par, as duas partes precisam concordar.

Não sei ao certo quando foi que me percebi assim, um tanto quanto refém e submisso às suas escolhas. O fato é que agora, diante das circunstâncias, vejo que fico esperando o tempo todo você acenar positivamente para que eu entenda que é hora de seguir na sua direção e consumar meu querer.

Para ser sincero, o amor está em mim. O amor também está espalhado em você por toda parte, mas é que sinto que alguma coisa anda fora do lugar por aí, e uma voz estranha, murcha e um pouco sombria repete: "Eu preciso que você me queira." Porque se estamos assim, juntos, tudo fica bem. Para todo o resto dá-se um jeito.

Eu me desdobro em elogios, entendo suas ausências, perdoo seus momentos, mas fico como um cachorro que passa o dia abandonado sozinho em casa, esperando que você chegue e brinque pelo menos cinco minutos comigo. Ou que não enjoe de me jogar o brinquedo para ser apanhado quantas vezes meu sorriso pedir. Falando a verdade, não sei se gosto tanto dessa sensação de impotência que tem me desconfortado o estômago. É que o amor, para mim, sempre foi uma certeza. Sempre me pareceu uma ponte em meio ao caos. Era, talvez, como o salva-vidas que todo náufrago precisa para não morrer antes de chegar à praia.

Mas agora eu só tenho vontade de você. Só quero que a chama do nosso amor ainda esteja acesa. Que a brasa do nosso abraço não se apague. Que a magia dos nossos corpos unidos não escape da memória. Quero, mais uma vez e todos os dias, se possível for, ter você em meus lábios. Ter sua língua passeando pela minha como se procurasse qualquer coisa, mas já tivesse achado tudo o que precisa.

Eu me enfeito todo de desejo, afio minhas palavras até que elas cheguem ao alvo certo e torço para que você me queira. Porque, do lado de cá, tudo chama seu nome. Tudo clama pela sua presença... Da minha parte, já não é mais escolha, ou melhor, nunca foi. Eu sempre tive, tenho e continuarei tendo vontade real de você.

ARTHUR AGUIAR

o amor é ÁGUA

Mergulho na loucura do acaso

SABE QUANDO você fica pensando se conheceu uma pessoa por acaso? *Aliás, o acaso existe?* Eu sempre me pergunto isso.

Quanto tempo geralmente a gente leva pra perceber que está realmente gostando de alguém? Eu demorei exatos quinze segundos pra ter certeza desde o momento em que a vi pela primeira vez.

Provavelmente agora é você quem deve estar perguntando: *Mas quinze segundos?!*

Sim! Foi o tempo que o ônibus dela parou, no ponto onde eu esperava o meu, para uma senhora descer. Meu olhar cruzou com o dela e ficamos ali, nos olhando, aproveitando cada centésimo daqueles quinze segundos. Não parecia um encontro, e sim um reencontro. Timidamente eu sorri, ela também abriu um sorriso, mas o ônibus começou a partir. Ela virou-se para trás para continuar me olhando, eu andei alguns passos para acompanhar o movimento do veículo e ficamos ainda nos encarando até não conseguirmos mais nos ver. Eu pensei: *Que loucura!! O que foi isso? Eu achava que essas coisas só aconteciam nos filmes. Eu nunca a vi e parece que já a conheço há anos!*

Ao longo dos dias seguintes, sempre naquele mesmo horário e naquele mesmo lugar, lá estava eu na esperança de encontrá-la novamente. Eu precisava ter a oportunidade de pelo menos saber seu nome. De olhar para aquele sorriso de novo. De saber se ela tinha sentido o mesmo que eu.

É, mas não foi tão simples como achei que ia ser.

Depois de algumas semanas sem conseguir vê-la novamente, recebo a notícia de que vou precisar mudar de turno no trabalho. Mandaram uma galera do período da tarde embora e escolheram alguns do período da manhã para entrar no lugar.

Eu pensei: *Não! Eu não posso. Pelo menos não agora. Eu ainda não consegui encontrá-la e, se mudar de horário, aí que não vou encontrar mesmo.*

Mas não teve jeito. Era isso ou rua... Aceitei a condição e, no dia seguinte, fui para o meu "primeiro dia" de trabalho no novo horário.

E sabe aquele dia em que dá tudo errado? Fiquei horas esperando o ônibus e, quando chegou, estava lotado. O trânsito estava parado porque rolava uma passeata em favor do aumento do salário dos professores (o que, diga-se de passagem, acho mais que justo). Só que o resultado é que cheguei atrasado.

Isso já me deixou um pouco irritado porque sabia que teria que sair mais tarde para compensar. As horas foram passando, todos já estavam indo embora, e eu ali, esperando ansiosamente dar a hora para eu ir para casa, tomar uma ducha, dormir e acabar com aquele dia, se é que podia chamar aquilo de dia.

Finalmente nove da noite, hora de ir embora. Mas, como o que está ruim sempre pode piorar, São Pedro resolveu mandar uma daquelas chuvas que enchem a cidade bem na hora em que eu estava andando para o ponto de ônibus. Sabe aquelas gotas que machucam quando batem na gente? Pois é! Eram essas mesmas que estavam caindo sobre mim.

Saí correndo como um doido pela rua e fiz sinal para o primeiro ônibus que apareceu na minha frente. Entrei ainda um pouco atordoado por ter corrido daquele jeito e absolutamente encharcado. Acho que a força com que a chuva estava caindo retratava exatamente a forma como eu gostaria de chorar naquele momento por ter tido um dia tão estranho.

Não chorei! Mesmo com os olhos cheios de lágrimas, me contive e paguei a passagem para poder passar pela catraca e me sentar. Foi quando na minha frente, no segundo banco do lado direito, lá estava ela. Bem ali! Depois de ficar alguns segundos, que pareceram horas, sem ter nenhum tipo de reação a não ser olhar como um bobo apaixonado para ela, eu pensei:

Será que eu sento do lado dela?

Será que é melhor eu sentar atrás?

Já sei! Eu vou sentar no banco do outro lado, só que na mesma direção que ela.

E foi o que eu fiz. Me sentei, mas não tirei os olhos dela nem por um minuto. Cada vez que ela me olhava e desviava o olhar de volta para a janela, com um sorriso sem graça de canto de boca, mais eu criava coragem para levantar e me sentar ao lado dela.

O motorista freou de forma bem brusca e a bolsa dela caiu no chão perto dos meus pés. Era a desculpa de que eu precisava para puxar assunto. Levantei, peguei a bolsa e já fui sentando ao seu lado falando:

– Oi! Desculpa sentar aqui ao seu lado do nada. Sua bolsa só caiu no chão. Eu poderia muito bem pegar, te devolver e voltar para o meu lugar, mas eu realmente não me contive.

Sei que você percebeu que desde que eu entrei no ônibus não paro de te olhar. Desculpa por isso também. Na verdade, eu estou esperando por esse momento desde aquele dia em que te vi naquele ponto de ônibus. Não paro de pensar nem por um minuto naquele dia.

Ao mesmo tempo que ia dizendo tudo aquilo, eu pensava: *Caraca, eu tô parecendo um maluco, não paro de falar. Ela deve estar me achando um idiota. Preciso parar de falar, mas não consigo. O que eu faço?*

Continuei falando:

– Olha, eu sei que estou parecendo um maluco falando sem parar, mas eu juro pra você que eu não sou...

Nesse momento, ela deu mais um daqueles sorrisos sem graça, mas com uma graça particular dela. E eu continuei:

– Eu sou um cara legal! Não sou nenhum maníaco. Sou trabalhador, moro com meus pais no Méier. Você conhece o Méier? Moro ali na Carolina Santos.

– Eu também – ela respondeu.

Ela me respondeu! Como assim?! E não só me respondeu como disse que mora na mesma rua que eu!!

Vou falar de novo para ter certeza. Não é possível. Eu devo ter entendido errado.

– Eu disse que moro no MÉIER. Na C-A-R-O-L-I-N-A S-A-N-T-O-S.

E ela, rindo, disse:

– Eu sei. Eu disse que eu também moro lá.

Ok. Morri. Liga para os meus pais e diz que eu os amava muito.

Você tem noção de que a menina por quem eu passei semanas procurando mora no meu bairro? Ou melhor, na minha rua?

Eu só sei que, a partir desse momento, um sorriso imenso de largo se estampou no meu rosto e insistiu em ficar lá. Assim como a chuva que caía lá fora também insistia em não parar. Nosso ponto chegou, a gente desceu e ela se ofereceu para dividir o seu guarda-chuva comigo. Nos esprememos embaixo daquela cobertura minúscula, que mal servia para uma pessoa. A cada pingo que caía e nos molhava, mais a gente se aproximava. Nossos ombros se tocavam cada vez mais. Nossos braços, nossas mãos, nossa pele... A gente, definitivamente, tinha "pele".

Foi então que paramos no meio da rua, no meio da chuva, e nos olhamos. Ela abriu o sorriso mais lindo que já vi na minha vida e não precisamos falar mais nada. Apenas nos beijamos.

Hoje, eu e a Renata fazemos cinco anos de namoro, mas lembro como se fosse ontem cada detalhe do início da nossa história. Que venham mais cinco, dez, vinte, trinta anos para que a cada quinze segundos eu me apaixone mais por ela!

Amanheceu um novo amor

A GENTE JÁ SE CONHECIA, não tanto. Era mais uma coisa de *oi* e *tchau*. Ela namorava, eu não. Com certeza eu sabia muito mais dela do que ela de mim. Até porque, sempre que eu conseguia, entrava nas suas redes sociais para saber por onde ela andava e o que estava fazendo... Até o dia em que, num bar lotado no Baixo Gávea a que fui com amigos que não via fazia muito tempo, dei de cara com ela. Sozinha. Ainda mais bonita que da última vez que a tinha visto pessoalmente.

Naquele momento, eu tremi por dentro e mil perguntas invadiram minha cabeça: *Será que ela está com o cara e ele foi pegar um chope pra ela? Será que ela está sozinha porque ele só foi ao banheiro? Será que ela está esperando porque ele foi buscar o carro? Será que eles terminaram!?*

Mas aí veio uma resposta: *Claro que não, Arthur! Eles são o casal perfeito, gostam de fazer as mesmas coisas, estão sempre sorrindo, postando mil fotos felizes nas redes sociais!*

Mas aí, quando outra pergunta já estava entrando na minha cabeça, a voz doce e inconfundível dela cortou meus pensamentos:

– Arthur? Quanto tempo!

– Thalita! Tudo bem? Muito tempo mesmo. Que bom te ver aqui. Cadê o Bruno?

Ela respirou fundo e respondeu, serena mas firme:

– A gente terminou.

A minha vontade naquela hora foi abraçá-la e fazê-la girar, como numa comédia romântica. Mas, obviamente, não foi o que eu fiz. Procurei disfarçar minha felicidade.

– Jura? Mas por quê? Vocês se davam tão bem…

– Ah… é uma longa história… Não sei se você vai ter saco de ouvir.

– Prometo que não vou sair correndo daqui à uma e meia da manhã – brinquei.

Ela deu um sorriso tímido e lindo. E eu aproveitei:

– O que você acha de a gente ir para o bar aqui ao lado, que tem menos gente e dá pra conversar melhor, e você me conta?

Ela balançou a cabeça como quem diz "tudo bem" e fomos sentar em um canto tranquilo. Ela começou a contar toda a história. E quanto mais eu falava coisas que me fizeram pensar no quão perfeita era a relação deles, mais imperfeita eu descobria que tinha sido.

Depois de quase uma hora ouvindo uma história mais bizarra que a outra, minha vontade era colocá-la no colo e consolá-la. Mas, como não era possível, me contentei em tentar com palavras mesmo.

– Eu não tinha ideia, Thalita!

– Pois é, eu demorei pra perceber que ele fazia de tudo pra me manipular, e eu fui deixando de ser quem realmente eu era. Foi como eu te falei. Cada mínimo gesto meu, ele criticava. Minhas roupas geravam brigas intermináveis, ele não gostava das minhas amigas, do meu mundo. No fim, eu estava vivendo a vida do Bruno.

– Mas por que você não lutou contra isso? Você sempre foi tão autêntica, tão alto-astral...

– Porque ele me fazia me sentir tão mal, que parecia que tudo o que eu fazia era errado. Era como se tudo fosse culpa minha.

– Mas por que você demorou tanto tempo para sair dessa? – perguntei.

– Porque eu estava apaixonada. Muito apaixonada. A gente fica cega mesmo.

– Eu entendo, é verdade.

– Mas ainda bem que acabou – ela falou e sorriu.

– É, quem está de fora não tem ideia! A paixão tira a gente do eixo – respondi olhando nos olhos dela.

E, de repente, ela soltou uma pergunta que me desconcertou:

– Aliás, você já se apaixonou, Arthur? Nunca te vi com ninguém.

Senti tudo balançar por dentro, mas pensei: *Essa é a minha chance. Eu preciso falar pra ela. Ela precisa saber que eu penso nela todos os dias, todas as horas, desde o momento em que a vi pela primeira vez.*

Respirei fundo e disse:

– Ainda não.

É... Não tive coragem.

Depois de horas conversando, com o lugar cada vez mais vazio, resolvi perguntar se ela não topava ir comigo para um lugar que, pra mim, combinava exatamente com a situação que ela estava vivendo. Já que era o início de uma nova fase, nada melhor do que o sol surgindo das águas para simbolizar, literalmente, um novo amanhecer.

– Você já viu o nascer do sol na pedra do Arpoador?

Ela deu um sorriso lindo. Mas dessa vez não foi tímido.

Quando um vira par

VOCÊ PODE ATÉ TENTAR não me querer.
Você pode até tentar me esquecer.
Você pode até tentar viver sem mim.
Você? Quem é você?
Eu já esqueci.
Como pode alguém preferir de três fazer um feliz?
Trocar um sorriso por um choro.
Trocar um amor por um consolo.
E, ao deitar pra dormir, me diz se não pensa em mim...
Seu corpo colado no meu.
Meu olho perdido no seu.
Difícil até respirar quando um vira par.
O tempo parece voar.
Queria fazê-lo parar.
Pra poder te lembrar.
Seu corpo colado no meu.
Meu olho perdido no seu.
Difícil até respirar quando um vira par.
O tempo parece voar.

Queria fazê-lo parar.
Pra poder te lembrar o quanto eu quero você!

Aprendendo a flutuar

ERA VERÃO, E EU, definitivamente, tinha colocado na minha cabeça que ia aprender a surfar. E não, não era por amor ao esporte, ao mar, às ondas e muito menos para fazer exercício físico, e sim para tentar de alguma maneira chamar a atenção das meninas. Ou melhor, da menina. Da Letícia.

Letícia era uma garota da minha sala no colégio, superdescolada, alto-astral, que adorava fazer qualquer tipo de esporte, principalmente os de aventura. Era inteligente, gente boa, linda, interessante e... Ok, parei!

Apesar de ela realmente ser tudo isso e mais um pouco, a realidade era que ela *jamais* se interessaria por um cara como eu. O *nerd* da sala. É! Era assim que eu era conhecido pela turma. Não chegava a ser um incômodo pra mim, mas às vezes parecia que eu era meio invisível. Só virava gente em dia de prova ou quando tinha trabalho em dupla ou em grupo. Aí virava o cara mais popular da classe.

Na teoria, eu sabia como funcionava cada esporte. Meu problema realmente era a parte prática. Desde pequeno, nunca levei muito jeito pra essas coisas. Não via muito sentido em ficar correndo atrás de uma bola se eu podia estar em casa lendo um livro ou assistindo a uma série ou documentário legal na TV.

Você deve estar se perguntando: "O que tem de errado ele preferir ler um livro a praticar um esporte?" Tirando o fato de que praticar um esporte faz bem à saúde, não existe nada de errado nisso. Mas acontece que a gente vai crescendo e vem o tal do amor e muda tudo o que a gente acreditava que jamais um dia pudesse mudar. Quando é que eu, Arthur, me imaginei indo para a praia surfar? Acho que nunca nem sonhei com isso. Quando era criança, ia para a praia com meus pais e me entupia de protetor solar fator 60, ficava embaixo do guarda-sol e torcia para chegar a hora de ir embora. De verdade, eu não gostava daquele universo. Só que aí você cresce, conhece Letícia e sua vida começa a mudar.

Às cinco horas da manhã, no verão, o sol já está nascendo. Hora de levantar. Acho que nunca vou entender por que os caras têm que acordar tão cedo para surfar. É realmente necessário? Mesmo sem entender muito, levantei e fui pra minha primeira aula. Aquilo se repetiu durante vários dias, por várias semanas. Quando eu já estava quase conseguindo me equilibrar na prancha, obviamente ainda deitado (o exercício para conseguir remar), a Letícia resolveu ir surfar não só na mesma praia, mas no mesmo pedaço em que eu estava. *Por quê, meu Deus? Logo no meu último dia de férias?*

Minha vontade era afundar na água e não levantar mais. Mas aquela não era uma boa opção, já que eu ia morrer e aí sim não teria a menor chance com a menina. Raciocinei: *Então tá. Vou fingir que nada está acontecendo e vou agir de uma forma supernatural.* Mas, quando a onda seguinte se formou, tive a ideia genial (só que não) de "entrar" nela. E não foi que eu, literalmente, entrei na onda? Tomei um caixote e fui pra um lado, a prancha foi pra outro e apenas nos encontramos na areia.

Parabéns, Arthur! Genial! Que bela ideia a sua de entrar numa onda daquele tamanho, sendo que até hoje você nunca tinha nem conseguido se equilibrar DEITADO *na prancha!*

A primeira coisa que fiz quando consegui tirar a areia do rosto e abrir os olhos foi ver se a Letícia tinha visto o mico bizarro que eu acabava de pagar. E, claro, pra minha sorte característica, ela não só viu como riu. Ela riu de mim. Não me restava outra coisa a fazer a não ser me levantar, pegar a prancha e o pouco de dignidade que me restava e ir para casa.

No dia seguinte, segunda-feira, dia de voltar para o colégio, pela primeira vez na vida eu não queria ir. Pensei em mil desculpas para dar para a minha mãe, mas nenhuma era boa o suficiente pra convencê-la de que eu não tinha mesmo condição de ir. Nunca fui muito bom nesse lance de mentir (prefiro encarar isso como uma qualidade).

Como não teve jeito, tive que ir. Chegando na sala, peguei uma reta e fui direto sentar em um canto sem nem olhar para os lados. Nas primeiras aulas, tudo ok! Não conversei com ninguém, nada aconteceu. Quando o sinal tocou para o recreio, nem me mexi da cadeira. Fiquei ali até a hora das últimas aulas. Já faltava pouco para poder ir embora, estava tudo indo perfeitamente bem, até que o professor de física teve a brilhante ideia de dar um trabalho em dupla. E ele iria escolher as duplas.

Sabe aquela hora em que nada do que você fizer, nem mandinga, reza, promessa, nada vai impedir de acontecer a *única* coisa que você não quer que aconteça?

Então ele começou a falar:

– Podem juntar as mesas. Paulo e Otávio, Dante e Aline, Lucas e Douglas, Ingrid e Ana Luiza, Arthur e Letícia.

Eu não disse? Eu fiz mandinga, rezei e fiz uma promessa sinistra, que particularmente eu nem sei como ia pagar, mas fiz, e mesmo assim não consegui impedir que isso acontecesse.

– Professor! Eu não estou me sentindo muito bem, posso ir à enfermaria ver se consigo um remédio pra dor de cabeça? – perguntei.

Antes que ele respondesse, Leticia falou:

– Eu tenho aqui na bolsa. Quer?

E agora pra explicar pra ela que eu não estou com dor nenhuma e que eu estava só inventando pra evitar esse trabalho?

Na verdade, na hora em que ela falou comigo, o que eu senti foi uma dor no estômago de tão nervoso que fiquei.

– Quero – respondi disfarçando.

Aceitei o comprimido e tive que tomar, não tive alternativa.

Depois de longos minutos de silêncio, ouço a voz dela:

– Não sabia que você gostava de surfar. Te vi na praia ontem – disse ela.

Eu fiquei tão sem graça que não consegui responder nada. Apenas desviei o olhar. E ela continuou:

– Relaxa! Quando eu comecei a surfar, aquilo acontecia direto comigo. Acontece com todo mundo. E eu era bem pior – ela falou.

– Hum, sei... Eu vi como você riu da minha cara.

– Mas eu não ri da sua cara! Eu sorri *pra* você!

– Sorriu pra mim?

– Sim! Você devia estar tão nervoso que nem reparou. É que eu me vi em você e lembrei de como é legal quando a gente está começando uma coisa nova.

– Eu achei que...

– Não! Eu nunca iria rir porque você estava aprendendo. Seria maldade! Você nunca fez o mesmo comigo.

Fiquei mais sem graça ainda, mas um pouco admirado com o que ela estava falando.

– Como assim?

– Você acha que eu não sei que você sabe tudo? A gente estuda junto, na mesma sala, desde o sexto ano. Já tem mais de cinco anos. Você é superinteligente, o melhor da turma. E mesmo assim não ri quando eu levanto a mão pra perguntar e falar que não estou entendendo ou não estou conseguindo resolver alguma coisa. Eu sei que pra você a pergunta que eu estou fazendo é boba, mas você nunca riu, nunca me fez sentir inferior. E olha que eu já me sinto por saber menos... Por que eu faria isso com você?

Fiquei em silêncio. E ela completou:

– Você é a pessoa que eu mais admiro nesta sala.

– Eu?

– Sim, você!

– Mas eu não tenho nada de interessante. Não sei fazer nada dessas coisas legais que você sabe fazer.

– Você tem muitas coisas interessantes. E acho que demorei muito tempo pra falar isso por falta de coragem... Nunca achei que, se eu fosse falar com você, você fosse querer conversar comigo. Acho que pra você eu sou apenas mais uma patricinha que não faz nada da vida, a não ser ir à praia e praticar esportes.

– Não! Eu nunca pensei isso de você. Pelo contrário! Faz um tempo que eu tento tomar coragem pra te falar uma coisa também – confessei.

Nesse momento, um silêncio tomou conta da gente. O mundo ficou mudo. A gente se olhava de uma forma tão intensa que eu conseguia me ver através dos olhos dela. Parecia que não existia mais nada naquela sala além de mim e ela. E, de fato, já não havia mais ninguém, já que o sinal tocou, a turma toda saiu e a gente nem sequer notou.

Tomei coragem e, quando ia falar o que estava preso na minha garganta havia tanto tempo, ela soltou:

– Eu gosto de você, Arthur.

Meus olhos se encheram de lágrimas, mas lágrimas de felicidade. E ela continuou:

– Exatamente do jeito que você é!

Um sorriso se fez primeiro em mim, depois nela. E nos beijamos.

Ainda não foi nessas férias que aprendi a surfar, mas foi nessas férias que aprendi que não devemos deixar de ser quem somos pra que a pessoa de que a gente gosta se interesse ou se apaixone por nós. Se for para gostar da gente, que goste exatamente da forma que a gente é!

Antes de alguém gostar de você, *você* tem que gostar de quem você é! Pense nisso! ;)

Amor que seca lágrimas

AQUI ESTOU OUTRA VEZ, na mesma calçada, sentado no mesmo meio-fio, em frente ao meu prédio, esperando a Fernanda chegar. Nos últimos dez anos, nossos encontros foram todos aqui, no mesmo lugar. A frequência deles depende da duração dos relacionamentos dela.

Eu e a Fernanda namoramos durante seis anos. Nos conhecemos ainda criança e, confesso, assim que a conheci me apaixonei por ela. No início era só amizade mesmo. Amigos que se viam e se falavam praticamente o tempo todo, todos os dias. Apesar de desde essa época já rolar uma curiosidade de como seria se a gente ficasse, acho que o medo de estragar tudo que a gente tinha era maior. Com isso, só fomos dar nosso primeiro beijo já com 14 pra 15 anos. Nossa! Que beijo! Ficamos um tempão nos beijando, nenhum dos dois queria parar, de tão bom que estava aquele momento. Ali eu tive a certeza de que a queria para o resto da minha vida. E jurei que, independentemente de qualquer coisa, iria amá-la para sempre.

Não demoramos muito para começar a namorar. Tudo era muito novo pra gente, nenhum dos dois tinha tido um relacionamento antes. Lógico que tivemos nossos contratempos. Não posso dizer que durante todo o nosso namoro foi uma perfeição, mas posso dizer que tivemos infinitamente mais lembranças boas do que ruins para guardar. Descobrimos muita coisa juntos. Por algum motivo, que ainda não descobri, não demos certo. E, mesmo depois de ter terminado, não guardo nenhuma mágoa ou rancor por ela ter resolvido colocar um ponto final em uma história que, pra mim, ainda não tinha chegado ao fim. Pelo contrário! Quando descobri que eu não era mais capaz de fazê-la feliz, desejei de todo o coração que ela encontrasse alguém que conseguisse fazê-la se sentir assim, plena.

Fernanda tentou – e muito – encontrar outros caras. Não tive a oportunidade de conhecê-los pessoalmente, mas, sempre que seus relacionamentos terminavam, eu acabava conhecendo--os pelas coisas que ela me falava deles. Me atrevo até a dizer que os conheci bem.

Fernanda deve estar chegando a qualquer momento. E eu posso descrever exatamente tudo o que vai acontecer, pois, infelizmente, essa mesma cena se repete há anos. Ela vai aparecer com o rosto inchado de tanto chorar, mas já sem estar derramando lágrimas. Ela gosta de tentar fingir que está bem. Provavelmente, vai vir de casaco e calça de moletom, o que significa que passou pelo menos uns dois ou três dias em casa mal, sem fazer nada, sofrendo por seu céu ter caído mais uma vez ao chão. Vai se sentar ao meu lado, ficar alguns – vários – minutos muda, olhando para a frente, então vai se virar para mim, me olhar, desabar no meu colo e me contar tudo o que aconteceu. Aos poucos, toda essa energia negativa vai se dissipar, o clima vai ficar leve, vamos relembrar alguns momentos da nossa adolescência, vamos dar um abraço bem apertado, ela vai embora e eu só vou vê-la de novo no fim do seu próximo namoro.

Sei que parece um pouco estranho eu estar falando tudo isso de uma forma tão fria, mas é que já vivo essa situação com ela faz dez anos. A mesma situação! E não pense que estou reclamando pelo fato de ela me procurar para conversar, porque não estou. É sinal de que, de alguma forma, eu sou uma coisa boa para ela. Uma pessoa especial. O que realmente me incomoda é a gente só se ver nesses momentos. Porque, quando ela está com alguém, simplesmente desaparece. Não rola nem uma mensagem ou um telefonema para saber como eu estou, como vão as coisas... Acho que é o que mais me machuca nessa situação toda. Talvez o fato de eu ter dito que nunca deixaria de amá-la a faça se afastar de mim, com medo de que eu atrapalhe alguma coisa...

O que ela não entende é que não existe só esse tipo de amor. Mesmo se um dia esse amor já foi de homem e mulher, ele pode se transformar. Virar um outro tipo. Talvez as pessoas não tenham entendido ainda como é bom quando isso acontece. Se a pessoa com a qual você teve um relacionamento foi legal com você, por que excluí-la da sua vida depois do fim de uma relação? Ela fez e sempre vai fazer parte da sua vida. Vai caber a você saber como transformar esse amor.

Na minha humilde opinião, todo amor se transforma. Basta você ver a vida leve. Deixe seu coração leve que todo esse amor se transforma, dentre outras coisas, em carinho, respeito e admiração.

De repente, Fernanda chega! E ela veio exatamente como eu disse que viria, de casaco e calça de moletom. Senta-se ao meu lado, olha para a frente e assim ficamos por um bom tempo. À medida que os minutos passam, sua respiração vai ficando mais acelerada. As lágrimas já não cabem mais em seus olhos, estão prestes a deslizar em seu rosto. E é o que acontece assim que se vira para mim e me olha:

– O que tem de errado comigo? Por que eu não consigo encontrar um cara legal e que me faça feliz? Eu juro que só quero ser feliz!! Não é possível que isso seja pedir muito. Tudo começa sempre tão bem... Sou tratada como princesa, me sinto a mulher mais desejada e amada do mundo, mas depois simplesmente isso tudo vai se perdendo e eu vou me sentindo cada vez menos mulher, cada vez menos interessante... Ninguém é obrigado a estar com ninguém, mas, se não sabe se é isso mesmo o que quer, por que vira o mundo pelo avesso pra tentar me agradar? Por que atravessa rios e mares, se for preciso, pra me ver? Por que sempre que eu me entrego por inteira, e eles sentem quando isso acontece, eles se acomodam e acham que agora podem fazer o que quiserem, que já está tudo conquistado? Como é que não entendem que o amor é como uma flor? Temos que cuidar com todo o carinho do mundo. Temos que regar para que esteja sempre se renovando e dando flores cada vez mais bonitas?

Ela fala de uma maneira intensa e quase que num único fôlego. Eu apenas continuo olhando em seus olhos e ofereço meu colo. Ela se deita, eu seco suas lágrimas com o dorso dos meus dedos e ela continua:

– Mais uma vez me desculpa por todo esse desabafo. Eu não sei como você ainda aguenta escutar sempre as mesmas coisas de mim...

– Para de bobeira, Fê. Eu não me incomodo nem um pouco com isso. Eu só quero que você fique bem. Você não merece ficar assim. Vou ficar aqui com você o tempo que for necessário até você se acalmar e se sentir melhor – digo.

– Você não existe mesmo – ela fala, esboçando um pequeno sorriso.

– Existo sim! Quer ver?

Dou um beliscão de leve em seu braço.

– Ai! Doeu! – diz ela numa mistura de dor e charme, reclamação e sorriso.

– Viu como eu existo?

– Chato!

Um breve silêncio é preenchido por um pequeno riso de ambos.

– Ah! Você lembra daquela vez que fomos ver um jogo do Flamengo lá em Curitiba e viajamos sem avisar para os nossos pais? A gente só comprou as passagens, pegamos 50 reais cada um e fomos na cara e na coragem! Nossa, que perrengue que foi… A gente mal tinha dinheiro pra comer e comprar o ingresso. Ficamos num hotel muito ruim, que era o que o nosso dinheiro permitia. Fomos num dia e voltamos no outro. Quando a gente chegou em casa, estava todo mundo louco atrás da gente, já tinham até ligado pra polícia, lembra? Ficamos um mês de castigo… Bom, pelo menos o Flamengo ganhou, ficou na primeira divisão e apesar de tudo a gente se divertiu muito… – eu falo, com grande empolgação e um certo saudosismo daquela época que não volta mais.

– Caraca!!! Você lembra disso? – ela se espanta.

– E tem como esquecer?

– A gente já aprontou muito, né?

– Quase nada – digo rindo.

Ela ri também.

Silêncio.

A gente se olha por um tempo e ela pergunta:

– Por que a gente não deu certo?

– A gente deu certo!

– Como assim, deu certo?

– Talvez não da forma que achávamos que ia dar há dez anos, mas a gente deu. Senão a gente não ia se divertir tanto nos momentos em que estamos junto. Não ia existir essa conexão toda que a gente tem. E muito menos ia existir todo esse carinho que transborda do nosso olhar toda vez que a gente se vê.

– Posso te perguntar uma coisa séria?

– Lógico.

– Você ainda me ama?

– Lembra que eu te disse lá atrás que jurava te amar pra sempre? Eu não menti. Mas o amor se transforma. Mesmo eu não me apaixonando por mais ninguém depois de você, eu talvez não a ame mais como antes, como casal. Existem outras formas de amar. E é assim que eu te amo. Na minha opinião, o remédio pra curar dor de amor é amar mais...

Novo silêncio.

Ela levanta do meu colo e se senta olhando para a frente de novo. Eu faço o mesmo. Depois de mais alguns segundos em silêncio, pergunto:

– Posso te pedir uma coisa?

– Claro.

– Independentemente do que vai acontecer na sua vida a partir de agora, de quem você vai conhecer ou com quem vai se envolver, não esquece de tudo isso que eu falei. Eu não quero te perder pra vida outra vez...

Ela não responde. Apenas desvia o olhar. Eu insisto:

– Promete?

– Aham.

Ela me dá um abraço bem apertado e se levanta.

– Já vai? – eu pergunto.

– Tenho que ir... Mais uma vez, muito obrigada por tudo!

E ela vai embora.

* * *

Depois de sete meses, vi que ela já está namorando de novo. E, se você está se perguntando se nesse tempo ela me mandou alguma mensagem ou se ligou, a resposta é não. Ela não me procurou. Mas tudo bem. Eu acredito que em algum momento ela vai transcender essa barreira e vai compreender, de verdade, tudo o que eu disse a ela.

* * *

O tempo continua a passar e, um ano e oito meses depois daquele encontro com a Fernanda, meu celular, que estava em cima da mesa da sala, faz um barulho de mensagem. Pego para ver e leio:

Arthur! Tá aí? Preciso te encontrar...
Renan terminou comigo. : (

E lá vou eu outra vez...

Todo o meu amor

SÓ EU SEI o quanto foi difícil escrever esta canção.
Resumir todo o meu querer em dois versos e um refrão.
Sei que pensa que é bobagem, eu sei que pode ser.
Mas nunca disse que era fácil tentar te descrever.
Menina, mulher, guerreira, tem fé, sabe bem aonde quer chegar.
Se monta no salto, mas anda descalça, sua raiz faz questão de lembrar.
Sorriso aberto, olhar doce e sincero.
Estou aqui, te espero, te espero.
Será que um dia você vai olhar pra mim?
Deixar eu ser o seu protetor.
Pra poder te abraçar e te beijar,
e te dar todo o meu, todo o meu...
Será que um dia você vai olhar pra mim?
Deixar eu ser o seu protetor.
Pra poder te abraçar e te beijar,
e te dar todo o meu, todo o meu...
Amor!

Lavando a consciência

OUTRO DIA, estava andando na rua e comecei a pensar: Com quantas pessoas a gente cruza todos os dias e nem sequer olha, cumprimenta ou repara?

O cara que enche o tanque do seu carro, a menina que atende você na padaria, o motorista do ônibus, as pessoas que moram na sua rua, no seu bairro, o entregador de pizza, enfim, todos que, de alguma maneira, cruzam seu caminho... Você olha para essas pessoas com o mínimo de carinho que seja?

De certa forma, toda essa gente faz parte da nossa vida. Já parou para pensar nisso? Pensando agora, rápido, você lembra do rosto de alguma pessoa que viu hoje e que nunca havia visto na vida? Provavelmente sua resposta seja não.

Agora, será que é pedir muito, para que, quando você passar por uma pessoa, apenas a cumprimente com a cabeça ou com qualquer outro gesto? Será que é tão difícil assim dar um simples "bom-dia" ao entrar em um elevador de manhã e se deparar com outra pessoa?

Talvez você diga que, apesar de serem situações importantes, não são as mais importantes do mundo. Sim, não são! Mas como vamos tentar resolver outras situações mais complexas se não somos capazes de colocar em prática esses gestos simples?

Não adianta querermos começar a mudar tudo pela parte mais complicada. Provavelmente, vamos acabar falhando e nos desmotivando. Comece por coisas mais "fáceis". Por exemplo, o que me fez ficar com esse pensamento martelando na minha cabeça foi uma situação que vivi hoje. Eu estava parado no ponto esperando meu ônibus e um menino mais novo que eu vinha andando em minha direção com sua latinha de refrigerante na mão. Ele veio caminhando e, assim que passou por mim, ouvi o barulho do metal caindo no chão. Antes de virar, preferi pensar que ele podia ter tropeçado em alguma coisa ou esbarrado em alguém e por isso deixara a lata cair. Mas quando me virei e vi que ele estava caminhando normalmente, e que sua latinha tinha ficado pra trás, tive a certeza de que mais uma vez tinha me enganado. É... Eu tenho essa mania de sempre esperar o melhor das pessoas.

Não pensei duas vezes; peguei a latinha do chão e corri atrás dele.

– Ei!! Você deixou cair sua lata de refrigerante no chão – gritei.

– Não, eu joguei mesmo – ele disse.

Nessa hora, um mar de pensamentos invadiu minha cabeça. *Como assim, ele jogou mesmo? Ele acha isso uma coisa normal? Que tipo de educação ele teve? Tão novo e já tão cheio de si?*

Preferi respirar fundo e perguntar, com toda a calma do mundo:

– Eu acho que entendi errado, você disse que jogou?

– É, joguei – repetiu ele, com um certo ar de deboche.

– E você acha isso uma coisa normal? Tinha um cesto de lixo logo ali na frente! Por que jogar no chão? – indaguei.

– Sei lá, todo mundo joga.

– Bom, eu não sei exatamente qual foi o tipo de valores que seus pais te passaram. E não sou eu que vou ficar aqui te dando sermão, até porque não sou ninguém pra fazer isso. Mas você tem noção do que isso causa na cidade e na natureza? Essa lata que você simplesmente jogou no chão porque "todo mundo joga"?

– Cara, para de ser chato!! Foi só uma lata.

– O problema é *exatamente* esse!! As mesmas pessoas que você chama de "todo mundo" também acham que é "só" uma lata que elas estão jogando no chão. Agora, você já parou pra pensar se "todo mundo" resolver todo dia jogar UMA lata de refrigerante, ou chiclete, ou pacote de biscoitos ou qualquer outro tipo de lixo no chão? Talvez demore um pouco até esse problema chegar a você, mas para quem mora numa comunidade, numa casa que fica à margem do rio, ele chega bem rápido. A todo momento tem que recomeçar... Tudo isso por causa de pessoas como você, que não estão nem um pouco preocupadas com o próximo e jogam diariamente seus lixos pelas ruas. Acontece que, quando chove um pouco mais forte, todo esse lixo é levado para os bueiros, que acabam entupindo, o que faz com que alague inúmeras ruas e destrua inúmeras casas. Mesmo já tendo passado por essa situação algumas vezes, eu não desejo isso a você nem a ninguém. Não estou aqui dizendo que precisa passar por isso pra que saiba exatamente como que é. Pelo contrário! Eu espero que você nunca tenha que viver algo parecido. A única coisa que peço é que pense dez vezes antes de fazer o que você fez hoje. Pode não mudar nada na sua vida, mas na de alguém pode ser que mude.

Ele ficou em silêncio me olhando por alguns segundos, pegou a latinha da minha mão, jogou num lixo que havia logo à frente e me disse:

– Desculpa. Eu não vou fazer isso de novo.

Eu, surpreso com a reação dele, apenas consegui balançar a cabeça fazendo um sinal de positivo.

Ele se virou, andou alguns metros, parou, voltou até mim e disse:

– Obrigado.

Se virou e dessa vez foi mesmo embora.

Apesar de achar que o nosso mundo está cada vez mais doente e perdido, são situações, infelizmente raras, como essa que me fazem acreditar que um dia o amor pode voltar a ser a coisa mais importante que existe.

Profundo e repentino

VINTE E CINCO DE ABRIL, sábado, dia em que conheci o mais lindo par de olhos verdes do mundo. Era noite de trabalho para mim, e começou como todas as outras. Eu produzia uma festa com a qual viajávamos pelo Brasil, e aquele sábado era a vez de Goiânia. Aconteceria em uma casa de shows bem conhecida na cidade. Já eram mais ou menos onze e quarenta da noite e eu estava resolvendo alguns problemas de som do evento, quando uma amiga minha da cidade, a Isabella, me disse que precisava me apresentar uma amiga dela. Pedi que esperasse um pouco, que ia apenas até o *backstage* resolver uma coisa e já voltava. Mas ela me segurou pelo braço e disse:

– Arthur, vem comigo AGORA. Eu preciso te apresentar a ela. Ela é a sua cara!

Mesmo sem entender muito a causa daquela urgência toda, fui. Assim que chegamos no lugar onde a amiga estava, entendi exatamente por que eu precisava ir naquele momento. Ela, definitivamente, era uma *coisa* de tão linda! E foi engraçado, porque a sensação que tive na hora foi de que tudo ficou em câmera lenta. Meu sonho era poder ter visto a cara que fiz quando a avistei. Deve ter sido de idiota.

– Arthur, essa aqui é a Andressa. Andressa, esse aqui é o Arthur – disse Isabella.

– Oi, Arthur, tudo bem? – disse Andressa, me dando dois beijos no rosto.

Eu não sei o que me desconcentrou mais: se o jeito como ela falou comigo ou os dois beijos que ela me deu. Só sei que respondi com um *delay* de pelo menos uns cinco segundos...

– Oi! Tudo bem graças a Deus, e com você? Tá curtindo a festa?

Que pergunta idiota, Arthur! Primeiro que ela acabou de chegar. E, segundo, que, mesmo que ela não estivesse curtindo, você acha o quê? Que ela ia virar na sua cara, na hora em que ela está te conhecendo, e dizer: "Mais ou menos, tá meio caída"? LÓGICO que não, né? Se você não tem nada decente pra perguntar, fica calado.

– Tudo bem também. Acabei de chegar, mas parece que tá bem legal. Vou descer um pouco pra pista pra dançar.

– Ah, tá certo, vai sim! Prazer!

Ela sorriu e foi andando.

Dessa hora em diante, não consegui pensar em outra coisa a não ser nela e em como eu ia conseguir me aproximar sem parecer aqueles carinhas chatos que provavelmente ficam atrás dela a noite toda.

Fui resolver os problemas do som que eu tinha que solucionar (afinal, eu estava ali a trabalho) e depois de um tempo comecei a andar pelo evento para ver se conseguia descobrir por onde estava a Andressa. Demorei um pouco, mas logo a achei. Ela estava bem próxima do palco com umas amigas. Me aproximei e parei ao seu lado. Assim que cheguei, ela se afastou um pouco pro lado. Não desisti e tentei de novo chegar perto, mas mais uma vez ela chegou para o lado. E foi assim mais algumas vezes, até que eu disse rindo pra minha amiga, que estava perto dela:

– Avisa para a Andressa que eu não mordo não.

Ela riu e passou o recado:

– Amiga, ele mandou dizer que não morde não.

Ela me olhou, sorriu e continuou dançando.

Meu rádio tocou e precisei mais uma vez ir resolver outro problema. Depois de um tempo, finalmente estava livre para voltar para onde estava o mais lindo par de olhos verdes. Chegando lá, tive uma surpresa: ela já não estava no mesmo lugar. Continuei a procurá-la pela festa e, quando já estava quase desistindo, a avistei perto da porta.

Apressei o passo, passei pelo bar, peguei um brownie ("Anota aí que depois eu pago!") e me aproximei.

– Aceita um brownie? – usei minha tática infalível.

– Ah, obrigada. Eu adoro! Eu até ia comprar mesmo, você adivinhou.

– Ele é bom demais, né?

– Aham. Meu doce preferido! – ela disse.

– Então acertei! Hum... Você não é daqui de Goiânia, é? – puxei papo.

– Na verdade eu sou de São Paulo, mas moro aqui há três anos já.

– Logo vi, pelo sotaque... Mas você não tem cara de quem gosta muito de sair não...

– É, eu sou mais caseira mesmo. Gosto de programas mais tranquilos. Ir ao cinema, teatro... – ela falou, meio tímida.

– E você costuma ir ao cinema com as suas amigas? – perguntei.

– Geralmente eu vou sozinha mesmo.

– Sozinha? Como assim? – eu disse, rindo.

– Ué, sozinha. Às vezes eu quero ir e não tenho companhia, então eu vou sozinha mesmo.

Naquele momento, fiquei parado olhando para ela. Sabia que aquela era uma oportunidade perfeita pra falar alguma coisa muito interessante, mas não veio nada de bom na minha cabeça, Acabei soltando:

– Agora você já tem companhia. Se quiser, é claro.

Nossa!! Sério, Arthur? Que cantada mais ridícula! Já disse: se não tem nada de interessante para falar, fica CALADO!

A sorte foi que ela achou graça. Logo em seguida, as amigas se aproximaram e disseram que queriam ir embora. Ela se levantou, eu me levantei em seguida, as amigas foram para fora. Ficamos só nós dois, eu e Andressa, e permanecemos um tempo nos olhando intensamente. Acho que um estava tentando adivinhar o que se passava na cabeça do outro. Até que ela disse:

– Bom, acho que é isso então. Tenho que ir, elas estão me esperando. Foi um prazer te conhecer... E parabéns pela festa! Estava ótima! E obrigada pelo brownie!

Eu, mais uma vez, fiquei paralisado, sem saber o que dizer. Logo eu, que geralmente *sei* o que falar. Por dentro, eu parecia um mar agitado, de tantos pensamentos que surgiam ao mesmo tempo, de coisas que queria fazer e dizer, mas por fora eu parecia um lago sem onda. Não conseguia falar nada. O máximo que fiz foi abrir um sorriso e dizer:

– O prazer foi meu.

Ela sorriu de volta e saiu.

Algumas horas depois, já no hotel, percebi que minha falta de reação me fez perder a chance de pedir o telefone dela. Eu não tinha como entrar em contato. Só sabia seu nome, nada mais. E não tinha também o número daquela minha amiga para pedir o da Andressa. Então, resolvi começar com o que eu tinha. Entrei na internet, abri as redes sociais, vi o perfil da minha amiga, achei a Andressa entre seus amigos e arrisquei mandar uma mensagem inbox.

– Oi, Andressa! Acabou que eu falei, falei, falei e não pedi seu número – escrevi.

Nenhuma resposta. Decidi ir dormir porque teria de voltar ao Rio de Janeiro no dia seguinte.

Depois de quase vinte e quatro horas, o que pra mim pareceu um ano, quando eu já estava em casa, recebo uma notificação de mensagem. Ela tinha respondido:

– Oi, Arthur. Anota meu número.

Demorei pra acreditar que ela tinha mesmo respondido. Nem na melhor das expectativas eu achei que ela fosse me dar seu número assim, de cara. Era sinal de que, de alguma maneira, eu tinha despertado algum interesse nela também.

Sem perder nem mais um minuto sequer, mandei uma mensagem pelo aplicativo. E acabamos nos falando dessa maneira todos os dias, quase que o tempo todo, durante três semanas, quando finalmente consegui uma brecha no trabalho e voltei para Goiânia.

Marcamos de nos encontrar e, quando nos revimos, parecia que já éramos íntimos. Ficamos horas nos olhando. Não falamos nada, mas ao mesmo tempo tudo estava sendo dito através dos olhos. Depois de muito tempo assim, eu disse:

– Eu sei que você vai dizer que eu sou maluco depois do que eu vou falar... Também é muito doido pra mim, mas eu preciso que você saiba.

Ela ficou parada me olhando. Eu fiquei um tempo encarando-a também, criando coragem para dizer o que eu queria falar. Mas não consegui abrir a boca. Peguei então meu celular, escrevi no bloco de notas e mostrei para ela:

"Estou apaixonado por você! Namora comigo?"

Ela leu, deu uma gargalhada gostosa e disse:

– Você está falando sério?

– Como nunca na vida – eu respondi.

Ela me olhou com um sorriso que se estendia àqueles lindos olhos verdes e disse.

– Pode parecer doido o que eu vou te falar também, mas senti essa conexão desde o minuto em que a gente se conheceu. Foi tão forte que me deu até medo! Por isso fiquei fugindo de você. Mas que bom que agora eu sei que não era só eu que estava sentindo isso.

Sorri, me aproximei para beijá-la, mas ela segurou minha boca e, me olhando bem no fundo da alma, disse:

– Eu também estou apaixonada por você!

E foi o melhor primeiro beijo do mundo.

O amor aparece assim mesmo, quando você menos espera... A forma como ele chega não é o mais importante, apesar de gostarmos de lembrar como é o início. Mas a maneira como vamos cuidar dele, conduzi-lo e regá-lo, essa, sim, é fundamental.

Melhor que seja feliz

AH, COMO EU QUERIA poder gritar para o mundo inteiro que eu amo você.
Poder te olhar sem ter que disfarçar o que os meus olhos não conseguem esconder.
Por muito tempo você negou, fugiu.
Achou que o tempo fosse resolver.
Tentou se esquecer de mim, assim como também tentei fazer.
Foi em vão, eu admito.
Tudo bem, fui bem menino, eu sei!
Cansei, não vou mais mentir, é você que eu sempre quis.
Mas sinto que o seu sorriso não está aqui.
Se todo caminho é para seguir, melhor que seja feliz!
Foi em vão, eu admito.
Tudo bem, fui bem menino, eu sei!
Cansei, não vou mais mentir, é você que eu sempre quis.
Mas sinto que o seu sorriso não está aqui.
Se todo caminho é para seguir, melhor que seja feliz!
Melhor que seja feliz!

Banho de água fria

O DIA ESTAVA NASCENDO lá fora. No meu quarto, tudo permanecia escuro. Olhos fechados, não via o mundo.

Apesar de relutar e de não querer levantar, acordei. Sentei-me na cama, me espreguicei, fiquei em pé ainda de meias e calcei os chinelos. Fazia frio lá fora.

Um banho de água gelada era tudo o que eu precisava.

Não fazia ideia de que horas eram exatamente. Tentei olhar o relógio na mesinha ao lado da cama, mas não consegui. Tentei ver pelo celular, mas também não deu certo. Vista embaçada, nada enxergava.

Precisava encarar o tal banho que cura desamor e qualquer outra ressaca, mas estava frio.

Banho de água gelada no verão revigora. No frio, apavora.

No verão, quero ficar mais um "cadin". No frio, arrisco só os "pésin".

Confesso que estava sendo difícil acordar sem seus pés para me esquentar, sem seus braços para me entrelaçar, sem suas pernas para ao banho me levar e meus suspiros arrancar.

Tudo o que eu mais queria era que tudo não tivesse passado de um sonho ruim. Mas não...

Você foi embora e levou minha alma. Se eu tivesse tido a oportunidade de dizer alguma coisa na noite anterior, seria: "Leva a alma, mas vê se volta amanhã."

Mas eu nada disse. Não sei exatamente por quê, talvez orgulho. Talvez por pensar que não fosse tão difícil ficar sem ela. Ou então por achar que eu não a amasse de verdade.

É, acho que pode ter sido isso. O famoso e velho ditado: "A gente só da valor quando perde."

Geralmente, as pessoas demoram um tempo maior para perceber isso, mas eu não precisei de muito. Apenas precisei dormir e, literalmente, acordar para ver que eu tinha errado.

Com certeza, não existia lugar mais frio no mundo do que meu apartamento naquele momento. Mesmo com tudo isso, decidi encarar o tal banho de água gelada.

Preferi não pensar muito. Corri para o banheiro, tirei a roupa e entrei no chuveiro de uma vez só, sem enrolar. Exatamente como eu deveria ter feito em relação ao que aconteceu ontem. Eu deveria ter ido atrás dela e falado tudo de uma vez. Me desculpado por ter sido tão imaturo e impulsivo. Mas não era tão simples para mim. Nunca tive muita facilidade em reconhecer meus erros. Precisei ficar um bom tempo ali naquele chuveiro gelado pensando em tudo.

À medida que a água escorria pelo meu rosto e ia até meus pés, meu orgulho, meu medo e minha vergonha de procurá-la novamente iam pelo ralo abaixo...

Saí do banho assim que a minha ficha, de fato, caiu. E eu só conseguia pensar em uma coisa: eu precisava falar com ela!

Mas nada de telefone ou mensagem. Sempre gostei de ser à moda antiga. Fui até sua casa. Queria que ela me olhasse e ouvisse cada palavra que meus olhos iam dizer. Ela ficou por um bom tempo em silêncio, apenas digerindo tudo aquilo que havia escutado nos últimos minutos. Até que desviou o olhar por um instante, me encarou e disse:

– Como te dizer não, se meu coração dói em pensar que não vou mais poder te sentir de perto e me ver através dos seus olhos novamente?

Suas palavras foram tão fortes e bonitas que não me restaram outras para serem pronunciadas. Meus olhos apenas sorriram, e prometi pra mim mesmo que aquilo jamais iria se repetir.

E fiz um pedido: "Chega antes de eu acordar e sussurra baixinho que nunca mais vai me deixar antes de o dia clarear, mesmo que eu erre tentando acertar."

Calor humano de se amar, nenhum frio a chama vai apagar.

Além da superfície

MEU MAIOR PASSATEMPO nos fins de semana sempre foi ficar horas sentado no banco da praça vendo o movimento das pessoas indo e vindo. Sempre achei muito interessante e particular o jeito como cada um anda e age. Gosto de ficar reparando em cada detalhe. Até porque aqui em Descoberto, Minas Gerais, uma cidade de mais ou menos cinco mil habitantes, não tem muita coisa para se fazer.

Todo domingo é assim: passo o dia na praça entre um sorvete e outro, converso com conhecidos e observo o fluxo de pessoas. Os melhores horários são os finais de cada missa. As pessoas saem da igreja e ficam um tempo por ali, conversando. Me arrisco a dizer que sei exatamente a hora em que cada um passa por lá.

Outro dia, a praça estava tão movimentada com a desmontagem das barraquinhas da festa junina, que o dia passou tão rápido que nem percebi. Quando dei por mim, já estava quase anoitecendo. Pensei: *É melhor eu correr pra casa por conta própria do que pagar o mico de a minha mãe vir aqui na praça e me levar pelo pescoço. Já pensou? Tá doido!*

Levantei do banco em um impulso só e saí em disparada. Quando estava para atravessar a rua, vi chegando um pequeno caminhão. A placa não era da cidade, o que me fez querer ficar por mais um tempo ali, para descobrir por que alguém estava chegando de caminhão, num domingo, àquela hora, em Descoberto. O veículo parou na casa ao lado do bar do Zé e eu não consegui ver muita coisa, porque eu estava sem meus óculos, já que eles tinham quebrado, e além disso já estava meio escuro e era um pouco distante para enxergar direito. Só consegui ver que desceram uma mulher, um homem e uma menina linda. Só que, por maior que fosse a minha curiosidade, não tinha jeito, já tinha passado da minha hora e eu tinha que ir para casa.

Na semana seguinte, lá estava eu novamente, como sempre. No mesmo banco, tomando o mesmo sorvete, doido para saber mais sobre aquela menina que tinha acabado de chegar na cidade de caminhão. Fiquei na esperança de ela entrar no meu colégio durante a semana, mas acho que ainda não tiveram tempo de ver isso... E, como a minha mãe só me deixa vir à praça aos domingos, tive que esperar para descobrir.

Só que aquele seria um domingo diferente. Eu não estava interessado nas pessoas que saíam da missa ou nas que simplesmente passavam por ali. Meus olhos estavam totalmente voltados para o portão da casa daquela *menina linda*... como eu já a chamava carinhosamente, já que não sabia o seu nome. As horas foram passando e nem um movimento sequer naquela casa. Até que, quase no final da tarde, o portão se abriu e a menina linda saiu de lá sozinha. Nem pensei duas vezes. Me apressei para me aproximar e me apresentar, sem assustá-la, claro.

– Oi! Tudo bem? – eu disse.

– Oi! Tudo bom. E você?

– Tudo bem também. Você é nova na cidade, né? Todo domingo eu passo o dia aqui na praça e vi quando você chegou na semana passada, já estava até anoitecendo. Eu estava correndo para casa, antes que levasse uma bronca da minha mãe por causa da hora, mas vi quando chegou com seus pais num caminhão... Quer dizer, a parte da bronca você ignora, não sei por que te falei isso... Acho que foi...

Quando eu ia terminar o que estava falando, ela simplesmente deu uma risada tão gostosa que foi impossível não parar imediatamente o que estava fazendo e apenas a observar. Ela conseguiu me levar de um estado a outro num milésimo de segundo. É como se do gelo eu evaporasse direto, nem passasse pelo estado líquido.

Como ela não falou nada depois da risada, eu continuei:

– Desculpa, eu nem me apresentei... Meu nome é Arthur. E o seu?

– O meu é Bianca – disse tímida.

– Ah, que nome lindo. Como você!

– Eu? Linda? É... obrigada...

Depois disso, alguns segundos de silêncio preencheram o vazio deixado pelo fim do ímpeto de coragem que eu tive para falar com ela, que trocou de lugar com a minha timidez, que insiste em vir em momentos como esse. Não consegui falar mais nada, apenas me despedi e dei um sorriso.

– Então tá. Até mais, Bianca.

– Até!

Assim que me afastei, pensei: *Nossa... Ela é mais linda ainda de perto. Acho que é por isso que as palavras simplesmente somem, a boca seca e eu fico parecendo um mar sem água.*

Eu sabia que só a veria de novo no outro domingo. E, cada dia da semana que insistia em demorar a passar, minha sede por ela só aumentava. Finalmente, o domingo chegou e, para minha surpresa, quando eu me aproximei da praça, vi um colorido diferente nela. Era a *menina linda* que estava por lá. Tomei coragem e me aproximei mais uma vez.

– Bianca?

– Oi, Arthur! Lembrei que disse que todo domingo estava por aqui, então resolvi ver o que de tão interessante tinha nessa praça.

Ao ouvir aquilo, me dei conta de que, na verdade, a praça nunca teve nada de interessante. Só passou a ter alguma coisa realmente diferente naquelas duas últimas semanas. É engraçado como nossa referência muda quando conhecemos alguma coisa melhor. Mas eu estranhei que as pessoas passavam, me viam conversando com a Bianca e ficavam olhando, virando a cabeça para trás. Vai ver que era porque ela era nova na cidade.

– Como assim? Veio se ver? – falei, pensando alto.

– O quê? – ela perguntou sem entender.

– Ah, tem um chafariz lá no meio, já foi ver? – eu disse, disfarçando minha vergonha.

Ela riu... Acho que no fundo ela acabou ouvindo.

– Ainda não. Ouvi falar que tem uma cachoeira aqui perto da cidade. Você conhece? – ela disse.

– Sim! É linda! O que que você acha de a gente ir lá na semana que vem?

– Jura? Mas você está me convidando mesmo? Por que eu? Deve ter tanta menina bonita na cidade. Tem certeza que quer que eu vá com você?

– Como assim? Mais bonita que você? *Impossível!!* Não tem menina que nem você na cidade não, garanto.

Ela deu um sorriso e disse:

– É claro que eu topo.

– Combinado então. Às nove horas na praça? O bom é que eu já vou estar com meus óculos consertados. Fica melhor pra gente fazer a trilha.

– Então tá... Às nove horas. Até semana que vem.

Me despedi e corri para casa, já contando os minutos para a semana passar depressa.

* * *

O domingo seguinte amanheceu tão bonito que parecia mágico. Era como se o oceano estivesse no céu, de tão azul. Nenhuma nuvem. Tomei café da manhã rápido, coloquei uma blusa, peguei meus óculos e fui até a praça.

De repente, vi uma menina vindo em minha direção. Senti uma coisa estranha à medida que ela foi se aproximando. Parecia que eu a conhecia, meu coração batia forte a cada passo que ela dava se aproximando. Eu estava achando estranho sentir aquilo por alguém que não fosse a Bianca. Além de tudo, aquela menina era estranha, feia, diferente da Bianca, minha *menina linda*. Antes que eu continuasse pensando, ela chegou perto e disse:

– Oi, Arthur! Vamos?

Eu devo ter ficado uns dois minutos olhando para ela até conseguir responder alguma coisa. Minha cabeça deu um nó. Como ela sabia meu nome?

– Oi? Vamos pra onde? – perguntei, sem entender nada.

– Ué, para a cachoeira. A gente não combinou?

Fiquei parado. Não era possível. O que estava acontecendo?

– Eu não estou entendendo. Eu marquei de ir para a cachoeira, mas foi com uma menina nova na cidade. O nome dela é Bianca.

– Arthur, ficou doido? Sou eu!

Nesse momento, senti que estava caindo do alto da própria cachoeira. Era como se eu tivesse ficado sem chão, suspenso, sem saber o que falar. Olhei no fundo dos olhos daquela menina e um filme foi passando na minha cabeça...

Então era por isso que, quando eu falava com ela na praça, sentia que as pessoas estavam todas me olhando esquisito? E por isso também que quando ela veio andando na minha direção senti alguma coisa diferente. Agora faz sentido.

Mas continuei sem reação. Fiquei apenas olhando para ela sem desviar o olhar. E ela continuou falando:

– Você está de óculos, né? Agora está me enxergando bem. Eu sabia que isso ia acontecer quando você se desse conta de como eu era de verdade. Eu não estava entendendo por que você me elogiou chamando de linda, me convidou pra ir à cachoeira. Cheguei até a pensar que era alguma aposta idiota que você tinha feito com algum amigo. Mas, como você foi tão legal comigo, quis dar essa chance para você e para mim também.

– Não é nada disso! Não existe aposta nenhuma com ninguém. Eu confesso que achei que você fosse diferente do que é.

– Tá vendo? Eu sabia! Eu sabia que você...

Antes que ela terminasse a frase eu a interrompi:

– Só que isso não tem a menor importância para mim. Porque eu nunca senti nada parecido por alguém em toda a minha vida.

Ela até tentou falar alguma coisa, mas eu rapidamente a interrompi de novo e disse:

– Eu quero ficar junto com você. Quero ir com você na cachoeira hoje e quero ir para muitos lugares nos outros dias. E eu acho você linda sim!

E, antes que ela pudesse tentar falar mais alguma outra coisa, eu a puxei, senti seu corpo encostar no meu, tirei o cabelo que estava em seu rosto e a beijei no meio da praça.

Quando a vi pela primeira vez, e também nas outras, eu estava sem óculos. Só que, dessa maneira, consegui enxergar o que ela realmente era, muito além do que meus olhos podiam ver. Eu vi sua essência. E foi isso que me fez me apaixonar por ela. Acho que nunca senti nada parecido por ninguém até hoje. Talvez, se estivesse de óculos, eu não tivesse me dado a oportunidade de conhecê-la. A falta dos óculos não me impediu de enxergar. Na verdade, foi por isso que enxerguei com outros olhos e vi o que realmente importava: o amor.

Difícil disfarçar

TÁ DIFÍCIL DISFARÇAR.
Quando te vejo, já entrego no olhar.
Um jeito bobo de agir.
Faço de tudo pra te ver sorrir.
Sei que me vê apenas como um menino, pirralho e imaturo.
Adora implicar comigo!
Deixa eu te provar que posso ser bem mais.
Deixa eu te mostrar o que esconder não dá mais.
Tão linda como as estrelas do céu,
seu brilho irradia com o sol.
Eu já não sei se devo ou não tentar,
mas resolvi que vou deixar o tempo me mostrar como vai ser.
Eu desisti, não posso mais mentir, fingir, dizer que
nada aconteceu.
Isso não cabe mais em mim.
Deixa eu te provar que eu posso ser bem mais.
Deixa eu te mostrar o que esconder não dá mais.
Esconder não adianta se toda vez que fecho os olhos eu
tenho você na lembrança.

Então pra que ficar nesse jogo fingindo que nada quer?
Quando na verdade o que a gente mais quer é sentir um ao outro.
Deixa eu te provar que eu posso ser bem mais.
Deixa eu te mostrar o que esconder não dá mais.
Tá difícil disfarçar.

Temporal e mar mexido

GABRIELA DEMOROU um tempo razoável pra perceber o que estava, claramente, na sua frente e ela não queria enxergar. Confesso que tentei de tudo e fui até onde pude pra que ela não matasse aquela flor antes mesmo de ela, de fato, nascer. Mas não podemos querer que o tempo da outra pessoa seja o mesmo que o nosso. Podemos apenas torcer pra que isso aconteça.

Tudo bem que ela tinha acabado de terminar um namoro, uma relação em que ela não gostava mais do ex, mas ele ainda era totalmente apaixonado por ela. Ela já tinha conseguido dar o passo mais difícil, que era colocar um ponto final em algo que não a fazia mais feliz. Mas agora ela precisava dar o próximo passo, que era seguir em frente e se permitir viver. Claro que não é fácil fazer isso quando você sabe que uma pessoa que fez parte da sua vida durante anos ainda ama você. Principalmente para Gabriela, que era uma mulher sensível e preocupada com quem estava perto. E muito culpada por não sentir mais todo aquele amor que sempre sentiu.

Se você está se perguntando em que momento eu entro nessa história, é justamente agora. Foi no meio desse redemoinho todo que eu a conheci. Não foi uma escolha, simplesmente aconteceu. E parecia que o destino de alguma forma estava tentando nos aproximar, nos apresentar.

Tínhamos vários amigos em comum, o que só viríamos a saber depois. Ela atuava em um espetáculo de teatro dirigido por uma grande amiga minha. E essa amiga já tinha me convidado para assistir à peça várias e várias vezes, mas, sempre que eu me organizava pra ir, alguma coisa acontecia e eu acabava não conseguindo. Descobrimos que já tínhamos estado por diversas vezes no mesmo lugar, exatamente no mesmo momento, mas nunca chegamos a nos ver. E, finalmente, quando eu próprio estava fazendo uma peça de teatro, a atriz que fazia meu par romântico iria ser substituída, mas, antes que isso acontecesse, a temporada acabou e eu nunca cheguei a conhecer a substituta. Mas, acredite se quiser, a menina que ia entrar no lugar dela era ela. Era a Gabriela.

É lógico que eu só fui descobrir isso bem depois, mas, parando pra pensar em tudo o que já tinha acontecido, em todas aquelas situações, alguma coisa dentro de mim gritava, dizendo que aquilo tudo não podia ser apenas uma coincidência. Era uma coisa muito maior! Uma vez, um grande amigo me disse uma frase que vou levar para o resto da vida: "Quem acredita no acaso com certeza desconhece o poder da sincronicidade." E foi essa frase que me fez criar coragem para ir atrás e tentar entender o que significava tudo aquilo. Mesmo sem saber exatamente onde estava me metendo, decidi entrar nesse mar mexido e sem banco de areia.

Para mim, não existia outra opção a não ser me jogar e fazer o possível e o impossível para que ela ao menos me notasse de verdade. Na minha cabeça, tudo era muito simples. Eu gostava dela, queria ficar com ela e fazia de tudo para mostrar que era isso o que eu realmente queria. E ela, apesar de dizer que não queria nada comigo, gostava de mim também. Eu sentia isso! As palavras dela diziam que ela não sentia nada por mim e que não queria mais me ver, mas os olhos dela falavam o contrário. Eu não entendia exatamente por que ela agia daquela maneira, mas parecia que ela estava com medo. Até somos capazes de mentir usando palavras, mas com o olhar é bem mais difícil.

Ela insistia em fugir de mim, me evitava o tempo todo. Sempre inventava uma desculpa. Fazia de tudo para que não nos encontrássemos pessoalmente, mas, ao mesmo tempo, fazia questão de manter contato de todas as maneiras. Eu não sabia muito o que fazer, o que falar, e me sentia de mãos atadas. Ficava horas olhando o celular na esperança de a tela acender e ser uma mensagem dela. Tudo aquilo era muito novo para mim.

Sempre acreditei que o amor é como a lágrima no momento em que sai dos nossos olhos. Quando ela surge e se forma, e os olhos começam a ficar cheios d'água, já não existe mais nada que possamos fazer pra evitar que caia e escorra pelo nosso rosto. Não há como controlar uma lágrima. Não é possível fazê-la voltar para trás ou parar no meio da bochecha.

O amor pra mim sempre foi isso. Quando ele vem, não temos muito o que fazer. Ele precisa ser vivido, sentido. Não acredito que possamos ignorar um amor quando ele surge, não dá para simplesmente virar as costas e fingir que nada aconteceu. Mas parecia que Gabriela conseguia controlar tudo o que ela quisesse, inclusive a lágrima.

Peixe fora d'água

MAIS UMA NOITE FRIA e tudo o que eu queria era um vinho pra relaxar e um amor para me esquentar. Sempre tive uma certa inveja branca desses casais superdescolados e chiques que vivem postando fotos nas redes sociais de uma noite tranquila a dois em casa, com duas taças em frente à TV vendo uma série legal.

Há um tempo, eu me sentia apenas um peixe fora d'agua, mas hoje em dia acho que já estou me considerando um pássaro dentro d'agua, de tão diferente que me sinto do que seria normal para este mundo louco. Me acho totalmente deslocado, e talvez por isso eu tenha essa dificuldade de encontrar uma pessoa interessante e que realmente queira algo mais do que apenas alguns segundos ou minutos junto comigo.

A cada dia que passa, sinto que as pessoas se interessam menos umas pelas outras. Não se preocupam tanto em aprofundar um relacionamento com uma pessoa e descobrir mais sobre suas qualidades, defeitos, gostos, dores e receios.

Até entendo que para que isso aconteça é necessário um pouco mais de tempo, e tempo é o que menos se tem no mundo de hoje. Parece que o mais importante atualmente é fazer muitas coisas ao mesmo tempo e se relacionar com o maior número de pessoas que você conseguir. Claro que de uma maneira rasa.

O grande problema nisso tudo talvez seja que dessa forma você não consegue criar nenhum tipo de laço. E quando digo isso não me refiro apenas ao amor entre casais, mas também a laços de amizade. Outro dia li uma frase bem interessante: "As pessoas estão amando coisas e usando pessoas, e não o contrário." E, infelizmente, é a mais pura e dura realidade.

Agora, uma coisa que não entendo e nunca vou entender é por que o ser humano se tornou tão ganancioso, tão egoísta. Por que é preciso invadir outros lugares, explodir casas, matar civilizações inteiras? Na verdade, até sei quando isso começou a acontecer. Foi quando o dinheiro e o poder viraram as coisas mais importantes do mundo.

Agora pare e pense. A gente não vai levar *nada* desta vida. E, mesmo se fosse possível fazer isso, qual o propósito? A única coisa que talvez a gente leve para outras vidas, obviamente para quem acredita nisso, é o que cativamos em cada um no tempo que nos foi reservado para ficarmos aqui. Por isso, mesmo tomando um caldo atrás do outro, e cada vez maior, sempre que tento me aproximar e me entregar a alguém continuo acreditando no amor como se aquele fosse meu primeiro contato com esse sentimento.

Quando digo que o que mais quero é encontrar uma pessoa especial para eu poder amar, amar de verdade, as pessoas dizem que sou louco, carente, ultrapassado e careta. Já eu prefiro acreditar que sou corajoso, pois hoje em dia amar é um ato de coragem.

Quero comemorar anos, e não meses. Acumular horas, e não minutos. Colecionar momentos inesperados, e não planejados. Quero gestos sinceros, e não palavras vazias. Quero amor, e não só paixão. Quero um, e não alguns. Quero você. Não sei onde você está, mas, de alguma forma, em algum momento, eu hei de te encontrar.

FREDERICO ELBONI

o amor é AR

Amor que voa com o vento

ELA ME DIZ SER DO MUNDO. Diz, com a boca cheia de entusiasmo, que quer voar e conhecer o que há de lindo por aí. Ela vive utopias. Mora em um mundinho somente dela – e longe de mim dizer *mundinho* no sentido pejorativo –, mas é que seus sonhos são tão, mas tão dela, que somente algo no diminutivo mesmo para expressar fielmente o carinho ao seu imaginário.

Ela é ventania perfumada. Me olha com ingenuidade, me devora como se nunca mais fosse me ver, diz gostar de mim, mas sempre some antes do pôr do sol. E eu gosto tanto de admirá-lo... a dois, então me faço infinito. É engraçado lembrar, mas, quando vi meu primeiro pôr do sol a dois, aprendi o significado da palavra felicidade. No meu dicionário de vida, claro. Felicidade, na tradução leiga dos meus sentimentos, é quando a gente quer que um momento seja infindável. É quando não queremos que aquele instante termine. É calmo, mas, ao mesmo tempo, uma euforia só. Ele sempre me trouxe uma paz para o fim do dia que resta, mas também uma enorme esperança para o amanhã. A única diferença é que o pôr do sol, volta e meia, me dá as caras mostrando a sua beleza. Já ela...

A verdade dura de assumir é que vivo uma relação sem endereço. Por ela, vamos nos beijando pelos quarteirões em que nos esbarramos. Por mim, combinamos nos encontrar todo dia no mesmo quarteirão. Por ela, viajamos quando der, em um fim de semana ou em qualquer dia da semana, tanto faz, a gente vê, nos falamos, qualquer coisa me liga. Por mim, compramos passagens ainda hoje e marcamos no mapa com alfinetes de bundinha colorida os lugares aonde ainda iremos. Para ela, nosso beijo tem gosto de quem sabe. Para mim, de eu sei. E talvez só eu saiba.

Seu nome é doce de dizer. Poucas sílabas, tantos refrãos... Poucos planos, tantos sonhos... Eu prefiro levá-la para o meu interior, ela prefere me tirar do seu toda vez que nos envolvemos mais e mais. Ela diz ser do mundo, mas até hoje não sei se faço parte do mundo dela. É difícil gostar de alguém que se faz como o ar, fluido, solto, leve, desprendido, enquanto a gente se faz tão fogo, tão terra, sólido, forte, vibrante, certo do que quer, com um calor em que muito bem caberiam dois.

O vento levou. Poderia ser somente um nome de filme, mas é a relação que meu coração tem com ela. De uma despedida, toda vez que nos vemos. De um adeus, que nunca foi assinado em cartório. É difícil entender quando vivemos algo sem nome, que não sabemos se acabou ou se, na verdade, nunca começou. É um dilema que, na maioria das vezes, só cabe a uma pessoa. E, na maioria das vezes, é a mesma pessoa que, sozinha, também coloca alfinetes de bundinha colorida nas viagens que gostaria de fazer.

Cata-vento

LUIZA SEMPRE QUIS AMAR. Dizia, loucamente, querer encontrar um amor para a vida inteira, seja lá quanto ela durar. Conheceu pessoas incríveis, com histórias e vivências incríveis. Beijou quem desejou. Abraçou quando sentiu saudade. Chorou em camas diferentes, fez sexo em praias que, se duvidar, até já mudaram de nome. Viajou, juntou algumas milhas, viajou mais um pouco. Das possibilidades que passaram por sua vida, Luiza aproveitou todas. Ela era inteligente, bonita, usava um perfume que deixava qualquer um procurando elogios por minutos. Escrevia muito bem, conhecia o mundo e, acredite se quiser, ainda sabia fazer bruschettas como ninguém. Em outras palavras, Luiza era apaixonante.

Ela ficava eufórica com tudo o que o mundo poderia proporcionar. Era como um cata-vento, que girava mais rápido conforme a velocidade do vento. E, mesmo tendo alguns amores soltos por aí, sinceramente ninguém sabia como ela ainda estava solteira. Ela nunca se laçava a nada, sempre achou que a vida poderia ser mais. Desprendida dos amores, das amarras, das regras, ela viveu a intensidade sem se preocupar com a calmaria do futuro.

Sem perceber, ela foi descartando todos os possíveis bons relacionamentos que surgiam em sua vida. Mal sabia ela que os grandes amores nem sempre surgem como "grandes amores". Mas ela sempre achou que a vida podia trazer mais. Que o próximo seria melhor. E por isso sempre encontrava defeitos em todos que, gentilmente, batiam à sua porta.

Carlos era tudo o que uma mulher procurava, mas aqueles dentes tortos, ela, Luiza, não merecia. Frederico tinha um beijo doce e sorria sem expectativas, mas ela ficava agoniada com a maneira como ele mexia as mãos enquanto falava. Marcelo tocava violão, cantava e cozinhava como poucos, mas se vestia tão mal, mas tão mal, que ela ficava com vergonha de sair à rua com ele. Nelson era atencioso e a mimava como ninguém, mas "Não sei, ele me sufoca um pouco", dizia Luiza.

De defeito em defeito, de "Eu gosto dele, mas sei lá" em "Ele é demais, mas...", ela foi deixando os amores passarem. Luiza sempre achou que encontraria algo que, infelizmente, não existia. Queria alguém com todas as qualidades dos amores passados e mais algumas que, volta e meia, decidia de súbito. Gostaria de alguém que soubesse amar intensamente, mas que também não fosse um grude por inteiro. Alguém que tivesse uma beleza exótica, mas não fosse refém das loucuras da moda. Adoraria estar ao lado de alguém engraçado e divertido, mas que, obviamente, não fosse pedante ou insistente. Alguém que soubesse diferenciar artistas contemporâneos de expressionistas, mas que tivesse leveza ao conversar sobre as coisas simples da vida. Queria alguém que não fosse de todo ciúmes, mas que, em breves detalhes, demonstrasse proteção. Imaginava alguém que, como ela, gostasse de comer coisas naturais, mas que, quando ela quisesse, também se esbaldasse com um pote de sorvete. Luiza queria algo perto da perfeição e tinha pré-requisitos mesquinhos demais para a grandeza de um simples amor. Mas achava que era livre, que tinha gostos simples e que merecia amar assim. E não percebeu que ela estava ficando refém de suas vontades e caprichos.

Os anos se passaram e, sempre achando que a vida poderia trazer aquele "algo mais", que a próxima opção seria sempre melhor, quem ficou foi Luiza. Os amigos se casaram, os colegas se tornaram meros desconhecidos, a família se foi e os amores viraram histórias do passado, de alegrias e arrependimentos. Luiza criou manias e vícios de solidão, e inserir alguém na sua vida, àquela altura do campeonato, se tornaria um rasgo grande demais.

Ela fez escolhas. Ganhou lembranças que renderiam alguns livros, mas, infelizmente, não tem ninguém para quem contar. Luiza ficou sozinha, não teve filhos, não manteve um amor, por mais cotidiano e simples que ele pudesse ter sido. Optou por ter o mundo todo a qualquer instante, e o mundo, no fim da sua vida, a deixou sozinha.

Chegou à velhice tendo vivido muito, mas tudo o que ela mais queria – um grande amor, para a vida inteira – ela não teve. Talvez porque nunca se deixou prender pelos pequenos amores, achando que eles não poderiam se tornar grandes. Talvez porque ela quisesse sempre mais, e esse "mais" ela não encontrava no "pouco" que tinha. Ou talvez porque tivesse achado que a vida que ela vivia era liberdade, mas, na verdade, era só uma prisão muito ampla e confortável.

Viveu com uma intensidade irreal, mas perdeu o perfume do simples. Aproveitou um pouco de tudo, mas nunca o tudo de cada pouco. Hoje, ela sorri educadamente para quem pergunta como ela anda, e responde "Tudo bem", mas todo dia lembra como aquela intensidade constante era uma grande injustiça com os grandes amores que passaram por ela e que não percebeu, porque estava ocupada demais, eufórica demais, querendo sempre (de)mais.

Ela é perfume, ventania e sorriso

ELA TINHA UM CHARME que indiscutivelmente era só dela. Coisa de mulher única. Na verdade, todas são, mas ela, em especial, tinha uma exclusividade quase que divina. Uma covardia com as demais. Quando saía em grupo, ela se destacava. Não pela beleza, pelo tom de pele amorenado, pelo batom vermelho-estou-nem-aí ou pelo sorriso incontido de tanta alegria. Mas pela leveza com que ela distribuía suas qualidades; era uma inteligência leve de se ouvir.

Ela não tinha muitas roupas; estava sempre com a mesma sandalinha, o mesmo vestido, o mesmo brinco pequeno e delicado, o mesmo coração do tamanho de algo muito grande, muito grande mesmo, tão grande que agora não me vem à mente nada similar. Uma baleia azul? Não sei se é uma boa comparação, mas foi sincera. Eu poderia dizer do mundo, eu sei, mas continuo preferindo uma baleia azul. Maturidade. Essas coisas.

Acontece que, quando a conheci, descobri, como se não fosse óbvio, como a vida precisa de muito pouco para ser realizadora para nós. Ela era, simplesmente, ela. Nenhuma mulher poderia roubar seu brilho, sua autoestima. Ela tinha algo interno, uma coisa de quem nasce com a luz do bairro inteiro. Ela fazia tudo com a alegria do hoje; sorria enquanto dançava e dançava enquanto sorria, que coordenação em saber ser feliz!

Nunca me deixei acostumar com o charme dela. Pós-graduada em captar as sutilezas das coisas mais banais da vida, ela sempre me beijou como se me desse asas. E quando a gente encontra uma mulher que, junto ao carinho, nos faz voar, a vida fica maravilhosa de ser vivida. A solidão fica em dupla. O carinho é conversa de cotidiano. O abraço esquenta quem estiver por perto. Ela sempre soube me trazer o melhor que havia em nós.

Todo dia pela manhã, ela tinha um coração vazio. Não porque sofreu e, como se fosse solução, quis mantê-lo assim, mas para que, todo dia, ele fosse preenchido com todo o amor que um novo amanhecer pede. Ela acordava e ia preenchendo-o com pequenos amores do dia e, ao dormir, descarregava o que havia dentro dela e jogava como energia positiva para o mundo. Era algo que me parecia tão sábio, muito diferente do que já havia visto.

Nela havia um sorriso de elegância. Ela nunca foi de ligar para a opinião dos outros, mas, se precisasse, a ouvia com o maior carinho. Hoje lembro com saudade dela. Faz tempo que a beijei, faz tempo que nos fizemos um só, há muito tempo não a vejo mais, nem sei como seria deitar na barriga dela antes de dormir; será ainda quentinha? Será que ela ainda tem mania de coçar o nariz quando quer me contar algo? Será que ela ainda fala onomatopeias quando desperta?

Só tendo em vista essa opção, guardo todas as boas lembranças como quem guarda fotos antigas que, se muito cutucadas, podem se rasgar. Com a boca, no beijo antes de dormir, ela desenhava a minha felicidade de amanhã. Me beijava à noite só para me fazer acordar feliz. E sempre funcionava. Mas talvez esse seja o maior charme dela; eu nunca mais a vi. Ela completou a sua história no meu coração e se foi. De lembrança, deixou só seu perfume. E existe coisa mais gostosa que o perfume de alguém que esteve conosco? Ela é perfume, ventania e sorriso. Perfumar, que verbo lindo; me lembra tanto ela...

Vendaval

QUANDO A GENTE gosta de alguém, queremos ouvir, sempre que possível, que somos amados, adorados, gostados. Que, em alguma coisa, somos únicos e especiais. Não há coisa mais gostosa do que ouvir, em tom de sussurro ou em gritos pela rua, que há alguém neste mundo que gosta de quem realmente somos, mesmo que sejamos esse eterno para-raios de confusões, esse vendaval de emoções; mesmo que procuremos aquele beijo afoito buscando achar um amor para a vida inteira. Ouvir que somos amados é sempre como escutar o refrão da nossa melhor música.

Quando ficamos sabendo que alguém, por algum motivo louco da vida, deixou de gostar da gente ou de estar conosco, queremos saber, queremos ouvir o motivo desse desgostar, olho no olho. O que aconteceu? Onde foi que desandou? É triste, mas necessário. É a vida, como sempre, com gostinho de tapa na cara. Nosso coração precisa entender, precisa reorganizar o que devemos sentir daqui para a frente. Estar ciente de que alguém já não nos ama mais é sempre como ouvir a melodia mais cruel da nossa, um dia, melhor música.

Então, seja o que for, mas que seja a dois. Que as desavenças, os amores e as saudades sejam sentidos e marcados como ferro quente, mas nunca deixem de ser vividos por ambas as partes. Que, na eternidade da distância, a gente sofra juntos. Que, no calor da proximidade, nosso beijo tenha uma ternura mútua. Só não me deixe sentir sozinho o que tanto me dói. Só não me deixe sentir sozinho o que tanto me faz bem. Que seja triste, louco ou paradisíaco, mas correspondido. Que eu saiba sentir todos os sentimentos do cardápio, mas que, por favor, seja recíproco; seja no pedido de adeus ou no de casamento.

Um sopro de paraíso

HÁ BEIJOS NA BOCA e beijos na boca. Todos envolvem língua e saliva, mas nem todos envolvem alma. Com minha boca, brinco de desenhar em você um beijo inesquecível. Me distraio ao te devorar com os olhos e, como se fosse fácil, peço o favor de esquecer suas preocupações. Não quero que elas façam parte do nosso momento. Preciso do seu coração vazio para preenchê-lo com todo o amor que eu quero te dar.

Cante as coisas do coração comigo? Aperte a minha nuca enquanto me beija? Vamos sincronizar nossas respirações? Me deixe, só hoje, te fazer leveza? Quero me enrolar nos dizeres só para você perceber a delícia do sentimento que há aqui dentro. Juntos vamos aprender a lidar com as emoções que virão. Sim, eu também tenho meus medos, mas vamos esquecê-los para que, nesse nosso beijo, só haja carinho e alegria. Um sopro de paraíso no meio da loucura da vida.

Beijar é sentir o outro como um todo. É notar que está sorrindo, mesmo que, naquele momento, não haja a possibilidade de um sorriso. É sentir que ele está olhando para você, mesmo que, naquele momento, os olhos estejam fechados e sem a angústia de abrir. É sentir que está te mordendo por inteiro, mesmo que, naquele momento, só esteja beijando de maneira doce.

Um belo beijo se entende, se molda aos calafrios alheios, se escreve em carinhos tortos; seja na cama, na porta de casa, no carro ou na escada de incêndio. Há pescoço, há cabelo por trás da orelha, mão no rosto, olhos fechados e coração aberto. Há olho no olho, no antes e no depois, há sintomas do nosso interior sorrindo. Num beijo bom sempre há amor. Mesmo que, entre os dois, não haja um amanhã. A gente tenta entender o que o outro sente, se deixa levar, sem questionamentos, vive o presente e, pelo menos um pouco, experimenta como é ser o outro.

Dar um belo beijo e viver em paz é impossível. A gente quer mais, quer viver dentro daquele beijo. Pena os interlocutores desses beijos nem sempre serem amores eternos. Eu quero um beijo que me dê saudade quando estiver longe, mas, quando estiver por perto, me dê a proteção de um amanhã. Então, me beija onde for e como quiser, mas, por favor, me beija com vontade, me dá seu melhor beijo, pois de beijos murchos já me bastam os da vida.

Atmosfera

ELA TINHA CABELO LISO e ideias enroladas. Olhos fundos. Sorriso torto-charme. Sumia entre os travesseiros da minha cama. Pela manhã, cantava como se fosse algo normal. Pessoas que cantam pela manhã, de longe, nunca são normais. Mas quem quer amar alguém normal? Acontece que ela foi embora por circunstâncias da vida: um beijo diário a menos, uma briga cotidiana a mais, uma satisfação esquecida, essas coisas... Não pude evitar. Ela quis. Se ela está feliz, eu sou vírgula na sua decisão; hoje, sou só ponto final.

De saudade morro, renasço, acredito nunca mais viver o que vivi. Besteiras de quem, como eu, acha que vive em um filme. Sempre fui saudade e a vivo com toda a dor que merece ser vivida. Nas noites em que deixo de sair por estar com o coração apertado, lembro de como ela tinha um beijo doce. Um nome doce. Um jeito de me olhar doce. Achei tanto que seria para sempre. E se eu disser que, mesmo na distância, ainda julgo ser? Loucura, pouca aceitação da realidade, um pedaço enorme de mim.

Vivendo essa falta que ela me faz, tão grande que é maior que eu, choro sozinho, pois infelizmente poucos sabem o que sinto. Será que quando me veem na rua imaginam o mundo interno que há em mim? Será que na padaria sabem que, em vez de um misto-quente e uma média, eu gostaria de um abraço e um passagem para longe? Acontece que, sozinho, rodopio. Crio desculpas que só eu sei inventar. Relembro a saudade só para sentir doer de novo. E talvez me forçar a vivenciar mais uma vez essa dor seja somente uma maneira de perceber, na pele, que dar corda para esse futuro seja uma eterna burrice. Mas é difícil, eu sinto, é inegável.

Já está deitada? Eu sei que você dorme cedo, mas sinto sua falta! Posso te ligar? Rapidinho. Eu sei, eu sei que já combinamos um adeus, mas... Mas não estou conformado. Fala comigo para apaziguar meu coração? Me faz um carinho? Me diz que é tudo brincadeira? Me deixa ser motivo de riso de novo? Me beija no escuro entre as cobertas? Me deixa descobrir seu corpo como se fosse a primeira vez? Some comigo? Me liga? Desce? Estou chegando!

Jogando defeitos no ventilador

VIVO NA FICÇÃO, todo dia sou um personagem diferente, uma loucura com nome e sobrenome. Como muitos fazem, longe de mim dizer que ser "sincero demais" é meu maior e tão sofrido defeito. Faço coleção deles, e tenho defeitos de verdade. Que sangram, choram, esperneiam, gritam, assustam pessoas e me fazem passar vergonha! Meus pontos escuros são monstros internos que às vezes me assustam, às vezes se tornam meus melhores amigos.

Eu não tenho defeitos bonitos de dizer, como perfeccionismo, sinceridade extrema, inocência e riso incontrolável em horas inoportunas. Meus defeitos são pessoais demais para ser tão cheios de bom-mocismo. Não confio em pessoas que se dizem cheias de paz e certezas em tempo integral; defeitos, medos e loucuras são sempre uma dor bonita de se ler. Os meus assustam, quando não criam uma imagem estranha e caótica do que eu sou. Algo difícil de lidar e, pior, impossível de explicar. Mas alguns, insistentes e sádicos como são, dizem que querem me conhecer por inteiro; não sei o que se passa na cabeça deles! Para estes, sugiro algo mais simples, sei lá... Que tal ir conquistar a África, a Oceania e mais um continente à sua escolha?

Tenho um defeito muito peculiar e que poucos entenderiam. Não que eles precisem, mas sabe como é, somos inseguros, e a aprovação alheia sempre nos cai bem. Volta e meia, quando estou contando uma história daquelas que até me levanto da mesa para falar, eu minto. É! Mentira mesmo, daquelas torpes e sem motivo! Não que aconteça sempre, claro, mas já fiz algumas vezes, principalmente quando estou ansioso, seja por alegria ou por insegurança.

Se estou gritando, em cima da mesa, cheio de ênfase, pulando, contando que os carros estavam a 220 km/h quando colidiram, na verdade eles estavam, no máximo, a 180 km/h. Se encho a boca para dizer que o beijo dela era o melhor do mundo, na verdade era só o melhor do bairro. Ou do quarteirão. No máximo. Quantas vezes já inventei histórias loucas em festas só pela simples diversão de não ser tão banal quanto realmente sou. De dono do Google a vendedor de miçanga. De pessoa que abomina praia a surfista nas horas vagas. Quantas vezes já menti que vi filmes que não vi – como se fosse coisa pouca... – apenas para conquistar uma mulher que, até aquele instante, nem sabia meu nome. Loucura ou charme de escritor? Depende dos olhos e corações que se dispõem a ver.

Eu, volta e meia, sinto inveja. E ainda tenho a cara de pau de escrever "volta e meia" só para parecer que é um acontecimento eventual. Tenho inveja de quem viaja mais que eu, de quem vende mais livros que eu escrevendo frivolidades, de quem sorri e, só por sorrir, já trinca o abdômen. É engraçado observar como muitos se dizem invejados, mas poucos são os que assumem sentir inveja. Fico pensando, então, por onde será que andam os invejosos? Será que dizendo que se sentem ofendidos pela inveja alheia? Seria muito louco caso os invejosos fossem, em sua maioria, os que se passam por invejados. Seria muito louco, muito louco...

Quando amo, então, coloco uma pitada de delírio em meus defeitos. Intensidade, insegurança, ansiedade, falta de paciência, imaturidade e um misto de conchinha e tapa na cara. Parece bonitinho, e, às vezes, até é. Admitir nossos defeitos é árduo, constrangedor e tudo de mais perverso que existe, se não fosse verdadeiro.

Se olhar no espelho e dizer "É, esse sou eu" é algo amargo demais para descer suave pela garganta. Se expor é tão louco quanto libertador. Se expor é ter segurança e coragem para admitir a si o que você realmente é. E, mesmo que no fundo sempre omitamos alguma coisinha, a gente adora se enganar. Com o tempo, a gente aprende a lidar, tem mais consciência do que somos, mudamos um pouco, cedemos em algo, contamos mais mentiras e, na sorte, encontramos alguém com algumas loucuras iguais às nossas. É, meus caros, esta é a vida: um grande defeito que, vez ou outra, distribui suas qualidades em forma de amor, carinho, pôr do sol e doces.

Alguns desses defeitos, trabalho com afinco para melhorar; outros, deixo como característica pessoal; outros ainda, só ouço que tenho e faço cara de paisagem quando me contam. Mas o bom de ter vários defeitos é que aprendemos a ter um pouco mais de empatia com as loucuras, os medos e os defeitos dos outros. Menos, claro, com o – imperdoável – defeito de colocar catchup na pizza. Esse, nem os deuses têm o poder de perdoar.

Nem os deuses...

Só eu sei a brisa e o furacão que sou

"SÓ EU SEI, as esquinas por que passei-ei-ei", dizia Djavan em sua música "Esquinas", de 1984! De fato, só ele sabe o que passou. Só você sabe o que passou. Só eu sei o que passei. Sei dos amores que me doeram, dos amores que nunca mais fizeram questão de me dirigir os olhos, dos amores que nem sei se realmente foram amores. São tantas as confusões que, se foram mesmo amores, infelizmente não sei mais o que quero sentir daqui para a frente.

A sensibilidade que tenho para escrever as inquietações do coração é a mesma que me faz afundar em tristezas e lembranças. Eu brinco de sofrer, de vasculhar o que há aqui dentro e nem sempre encontrar o que eu gostaria. Alguns poderiam, na ciência de si, achar isso uma loucura. E quem disse que não é?

Sou brisa e furacão, intensidade e mansidão, nada e tudo, ao mesmo tempo. Sofro com propriedade. Sorrio na eterna vontade de abraçar a todos. Sou euforia no beijo e no silêncio. Para mim, saber sofrer em momentos pontuais sempre foi um dom que conservo comigo. Me sinto vivo, sensível, me deixo doer, me faço empático com os outros, mas principalmente comigo.

Volta e meia, quando sozinho, sentado na varanda da minha casa que tanto me faz companhia, me pego lembrando das pessoas que levaram um pedaço do meu coração e nunca mais me devolveram. Mal sabem elas que sempre há amor comigo. Mal sabem que, independentemente do que haja ocorrido, elas sempre farão parte da minha história. Por bem ou por mal. Amores sempre têm sua importância, e descartá-la é, como diz a minha mãe, tapar o sol com a peneira (acho muito engraçado quando ela diz isso). Mesmo com tantas emoções sendo vizinhas, não fujo dos obstáculos, das dores, dos desafetos que me batem à porta sem nem me pedir licença. Olho no olho, choro junto, rio na cara do perigo, peço que seja louco, imprevisível ou sereno, mas que, por favor, haja amor.

A sensibilidade me traz tristezas lindas – há tanta beleza na tristeza –, mas, por outro lado, me faz me perder em questões simples de serem resolvidas. Dizer "não" é um sacrifício, sempre me sinto culpado, principalmente quando me deparo com entregadores de panfletos nas ruas; dizer "não" a eles ainda é um treino diário para mim. Deixar de gostar de alguém é um martírio, sempre acredito que o fim ainda não é o real fim. Me iludo, viajo nas possibilidades, brinco como quem brinca com fogo, de continuar gostando de quem não gosta mais de mim. Viver sem me apaixonar é para mim algo inexistente. Eu me afundo nas paixões como me afundaria no rio de chocolate do filme *A fantástica fábrica de chocolate*. Qual é a graça da vida sem a sensibilidade de se apaixonar pelas esquinas?

Ser sensível é viver tudo à flor da pele, é amar sem se preocupar com o amanhã. É, também, carregar muitos desafetos, muitas tristezas e alegrias únicas. Talvez esta seja a maior qualidade de ser sensível: todas as emoções são sempre únicas. Mesmo me sentindo estranho e meio bobo nas minhas decisões, quase sempre tomadas pela emoção, eu não deixaria de amar com a intensidade que amo.

Nem se eu pudesse ter domínio de mim. Nem assim.

Solidão que inspira

ÀS VEZES, NÃO SEI usar o coração. Sinto como se eu não tivesse maturidade para tanto poder em minhas mãos. Digo isso porque, sempre que a solidão bate à minha porta repetidamente, procuro uma alegria momentânea com quem já me fez sentir tanta tristeza. Sadismo puro. Coisa de gente idiota. Algo que os especialistas dizem chamar-se recaída.

Eu, como a maioria das pessoas sensatas de tão loucas, não gosto de recaídas; elas me fazem mal e tiram a sanidade do meu coração. Não queria tê-las no meu calendário. Mas elas acontecem. E elas sempre caem em dia ímpar. Quando beijo alguém que já amei, fico confuso me perguntando se esse amor ainda é atual. Observo como a alegria de uma recaída vem em uma fração de segundo, como uma droga. O beijo traz à tona toda a felicidade que eu pedi para sentir, o abraço implora, de mansinho, para não ter data de expiração, e a tristeza se vai num piscar de beijos. Uma delícia, caso não fosse pura ilusão.

Depois de feito, reclamo, me julgo e, logo pela manhã, recebo o certificado de maior idiota do mundo. E, pior, ainda leio – duas vezes, para me fazer bem ciente – e assino embaixo.

Gosto de ter certeza de que estou sendo idiota. Muitos me julgariam, diriam, para todos ouvirem, que mereço ser porta-voz de todo esse sentimento com gosto de amargo-mágoa.

Quem mandou voltar, mesmo que por uma noite, para quem já lhe fez tanto mal? Besta, idiota!, meu inconsciente grita. Mas acontece que elas, essas pessoas, não estão aqui comigo nas noites em que me torno de uma solidão bonita de se ler. Elas não sabem como é grande a dor de quem não tem ninguém. Elas não sabem como é ter o teto do quarto como melhor amigo. Elas não sabem o que é sentir-se sozinho em meio à multidão. Elas ainda acham que solidão é só ficar sozinho numa sexta-feira de feriado à noite... Depois o idiota sou eu.

Incansáveis, elas dizem que a solidão é um remédio necessário. Dizem, seguras de si, que precisamos aprender a lidar com os nossos demônios. Mas elas não sabem o que é estar sozinho no mundo. Com tantos amigos, uma linda família e um trabalho que, de tão cotidiano, não o faz coabitar com a própria loucura, é fácil hastear a bandeira da solidão. E eu, que nada tenho? E eu, que, de companhia, só tenho alguns livros e músicas? Quando não temos ninguém para abraçar, qualquer abraço vira convite de moradia. É muita fragilidade em jogo. E, dessa forma, um abraço vira um tiro que, de sangue, só tem lágrimas.

Entre o mal que ela me fez e o vazio com gosto de profundeza desconhecida que sinto, eu fico entre os dois. E, sabendo que estou fazendo tudo errado, brinco de alternar os vazios. O carinho dela, no fundo, também não deixa de ser um enorme vazio, mesmo que eu ria com ternura no seu colo. A verdade é que me iludo para ser um pouquinho feliz, finjo, calando as minhas opiniões, que o mal que senti é passado, mesmo que amanhã eu lembre que ele é todo presente. A nossa companhia é só uma solidão abraçando outra.

Assim vou me afundando em mim, tentando, aos pouquinhos, tapar alguns buracos com outros ainda maiores. Não sabendo se lido com a tristeza de agora ou com a que virá pela manhã, tento encontrar maneiras de lidar com a solidão que tanto se comporta como falsa amiga. Com tantos medos colecionáveis, vou vivendo de breves recaídas até conseguir ficar em pé sozinho.

Fraco? Imaturo? Louco? Inseguro? Eu por inteiro. Queria poder ser melhor, mas, sabe como é, minha solidão me toma muito tempo. Mas, como sempre, poucos me entenderiam. Por isso escrevo, pois, assim como conversar com o teto do nosso quarto antes de dormir, escrever é uma linda e eterna solidão.

Como pipa a gente se foi

HOJE, ENQUANTO CAMINHÁVAMOS pelo parque, ela me perguntou se eu iria sentir saudade. E, em silêncio, me perguntei: como eu não sentiria? Ainda mais eu, que, entre tantos sofrimentos e euforias, sei tão bem o que é sentir isso. Meus melhores momentos são feitos desse sentimento. Meus melhores amores são saudades que escrevo e descrevo até hoje. *Um café, um pão na chapa e meia dose de saudade, por favor*. Se é isso o que ela quer saber, claro que irei sentir saudade, vontade de beijá-la sempre que a vir, e de correr por aí de meias carregando-a no colo, algo normal para nós, os loucos de plantão.

Escrevendo este texto, a deixo saber que estou triste e com uma saudade de um tamanho que não cabe em mim. Acontece que não tenho mais idade para mascarar meus reais sentimentos. Quero que ela saiba que assim estou não para criar um estado melancólico nela, nem a fazer sofrer ao saber que estou cabisbaixo, mas para que ela saiba que a história que vivemos foi linda para os dois lados: da cama e do coração. É bonito e sincero quando os dois deixam claro que estão sofrendo. Ninguém é tão superior assim para fingir que está bem do verão à primavera. E esta é a verdade: pessoas imaturas dizem não sofrer; pessoas maduras sofrem com a consciência do momento vivido.

Sinceramente, espero que ela não ache que estou dizendo adeus porque não tenho vontade de ficar. É difícil ir embora quando eu sei que, ao dormir, ela me liga com aquela voz de cobertura de caramelo. É difícil ir embora quando eu sei que ela tem asas do tamanho do mundo. É difícil ir embora quando sei que ela arrancou de mim sentimentos que Machado, ou Alencar, levariam dias para descrever. É difícil ir embora, mas é tão preciso, tão necessário, é tão ciclo da vida. Acontece que saber parar de dar corda para um barco que, certamente, irá afundar não é medo ou falta de coragem, mas maturidade. Às vezes, com os traumas e rupturas, a relação, lamentavelmente, deixa de ser pluma e vira bomba-relógio; muito em breve, alguém irá morrer tentando desarmá-la. Provavelmente serei eu.

Nesse meio-tempo em que ela ficou atrás da cortina, nunca me disse o que sentia. Brincou de passear no meu interior e não aproveitou os melhores brinquedos do meu parque. De peito aberto fui fio terra das suas ideias loucas. Sofri junto, conversei, me coloquei ao seu lado como uma caixinha de música que sempre está a tocar, fiz companhia independentemente do horário, do medo ou da temperatura. Fui. Voltei. Esperei. Senti. Ri. Vivi. Compreendi. Me desdobrei em pedaços, que nem sei se se encaixam mais, dividi as minhas verdades, o meu mundo, os meus sentimentos... Mas não foi o suficiente; na verdade, talvez nunca tenha sido.

A gente sabe que é hora de ir embora quando, mesmo sem intenções, aquela pessoa nos tira a autoestima, nos faz perder o brilho que tínhamos nos olhos e na alma. E, mesmo quando ouvimos do outro que devemos ficar, a gente, no fundo, bem no fundo, sabe que não é mais bem-vindo naquele coração. Os sentimentos que existiam não são mais eufóricos hoje... são cômodos, são tom pastel. Aquele coração que um dia abraçou o nosso infelizmente não é mais o mesmo. É só um coração que diz, promete gostar de você, mas, sei lá, não sei, vamos vendo...

Ela foi, eu fui, a gente foi; feliz, lindos juntos, um carinho que passou, uma lembrança-sorriso das aventuras que vivemos. Mas a verdade é que nosso beijo de hoje tem muito sofrimento envolvido para brincarmos de ir e voltar. Infelizmente, perdemos a leveza, o sabor de confiança, o riso solto feito pipa. É uma pena, mas as horas não voltam, e as que passaram já me criaram mágoas demais.

Hoje, sei que o nosso amor não é mais uma paisagem vista em tempo real, mas um quadro com a imagem do que se foi. Poderemos, sempre que quisermos, olhá-lo e lembrarmos quão bonito foi o sentimento daquela paisagem; linda, só nossa, com intensidade de sol e aconchego de chuva. Essa não será somente uma cena de felicidade de um sentimento que passou, mas de um amor-paisagem que continuará lindo por tempo indeterminado na moldura das nossas, tão nossas, melhores lembranças.

Leveza

HOJE A CALMARIA é minha vizinha de porta. Não busco mais um amor; busco paz. Se isso vier em forma de amor, confesso, no maior tom de alegria, que tirei a sorte grande. Amar para mim virou algo sereno, simples, complementar. Quando chego em casa, depois de um dia cansativo de trabalho, não espero beijos apimentados ou massagens com óleo de *Aloe vera*. Me basto com um jantar simples, um beijo, um filme e um boa-noite quentinho. Isso é a calmaria! Diferentemente de como muitos dizem, ela não é monótona, mas sábia o suficiente para guardar a alegria numa caixinha em que cabem dois.

Há alguns anos, provavelmente eu não hesitaria em dizer que só gostaria de viver um amor a que não coubesse nome; criar termos seria algo pequeno demais. Queria me apaixonar loucamente, me jogar da altura que fosse, me perder na emoção e dizer para quem quisesse ouvir: "Eu nunca senti isso!" Queria viajar loucamente, beijar loucamente e fazer loucamente todas as coisas que caberiam loucamente como um bom adjetivo ao final de uma ação.

Acontece que vivi, me joguei e, na maioria das vezes, me machuquei. Às vezes a dois, às vezes sozinho, mas passou. Minha euforia virou, neste momento da vida, passado. Agora me apego em outros detalhes que me fazem par de uma alegria mais calma. Acontece que não quero mais discutir por migalhas, não quero queda de braço com quem tem uma opinião contrária à minha, não quero gastar munição com quem digo amar. Amores loucos não me preenchem mais como antes. Na maioria das vezes, eles me sufocam, me dão preguiça, me fazem lembrar que eu morro no final da história.

De doce quero o dia a dia; de revolto, somente a nossa vontade conjunta de lutar pela nossa felicidade. Hoje, só quero paz no amor, no trabalho e nas conversas que tenho comigo antes de dormir. Caso tivesse essa sorte, aceitaria de braços abertos um amor que tivesse todas as vogais e consoantes da palavra que hoje mais me traduz: leveza.

Loucuras ditas aos quatro ventos

POUCOS ME CONHECEM. Sinceramente? Talvez ninguém me conheça realmente bem. Nem minha família, nem meus amigos, muito menos as pessoas que esbarram comigo pelas ruas e me olham como se soubessem tudo sobre mim. Elas não sabem. Eu não sei. As loucuras que guardo comigo são difíceis de explicar e impossíveis de entender e, se nem eu me entendo, não seria justo pensar que outros consigam.

Não se sentir compreendido talvez seja a maior dor de quem carrega algo diferente consigo. É árduo, é conflitante, é doloroso até, nos aceitarmos de tal maneira. E a gente demora tanto para se aceitar, é uma pena. Lidar com o algo diferente que há dentro da gente é uma luta constante. Seja a diferença que for. Seja o formato, a sensibilidade ou a insanidade que nos faz companhia. Poucos entenderiam. Poucos se doariam para entender. Dividir a nossa loucura com quem não é merecedor de ouvi-la talvez seja a maior loucura que possamos cometer, pois a confusão é algo muito pessoal para ser dita, assim, aos quatro ventos.

Tudo o que escrevo é uma meditação sobre mim mesmo. É um equilíbrio entre as coisas submersas que convivem dentro de mim. Enquanto alguns querem colocar para dentro de si o mundo que está fora, meu problema sempre foi colocar para fora o mundo que está dentro de mim.

Desde pequeno, eu nunca vi o pôr do sol como os outros dizem que veem. Para mim, ele nunca foi amarelo, como as pessoas contam. É laranja-tangerina. No colégio, o olhar da Cecília nunca foi só o olhar da Cecília. Era o olhar de uma menina que tinha olhos fundos, coração grande e um medo gigante de não ser feliz. A saudade do meu pai nunca foi só a saudade do meu pai. É a saudade de um abraço no colo, da paciência que, volta e meia, não tive, das perguntas que não fiz e queria tanto, mas tanto, ter feito. Uma música de que gosto nunca foi só uma música de que gosto. É a minha música, eu tenho direitos emocionais sobre ela; enquanto eu a ouço, voo rente ao mar, me sinto leve e especial.

Minha sensibilidade sempre me deixou à mercê das emoções. Isso sempre foi uma luta interna minha. Eu sofro sozinho, rio sozinho, leio os livros que ninguém gosta de ler, vejo os filmes que todos acham chatos, me sinto vivendo sozinho, mesmo quando rodeado de gente.

Tudo isso acontece até a gente encontrar alguém que vê o pôr do sol como nós vemos. Me lembro, vagamente, por ainda me doer, da única mulher com quem fiquei e por quem me senti totalmente compreendido. Nela havia qualidades que só eu conseguia enxergar. Mesmo parecendo algo vaidoso, sentia como se ela tivesse sido feita para mim. Ela me lia como ninguém, sabia que meu olhar era doce quando eu estava com ódio, que eu tinha uma grande amizade com minhas dúvidas e meus medos, sabia de todas as oscilações que faziam parte de mim. Ela entendia o meu todo, as minhas besteiras, o meu interior, a vibração do meu beijo.

Por mais louco e criminoso que seja dizer isso, sempre admirei aqueles casais de filmes em que o marido ou a esposa matam alguém e, em vez de o parceiro dedurar e gritar por aí "Meu cônjuge é um assassino", confiava na pessoa e dizia que juntos eles iriam resolver. Não que eu pense em matar alguém (longe de mim!), mas essa cumplicidade, na maioria das vezes irreal, se assemelha ao que eu gostaria de viver nos meus últimos dias. Obviamente, trocando a parte do assassinato para algo mais leve e semelhante a: "Vou largar meu mestrado em medicina para me dedicar a montar barquinhos de madeira na beira do mar." Saber que ali existe alguém que o compreende e tem orgulho do coração oscilante que você carrega é indescritível, é impagável, é a melhor sensação do mundo.

Acontece que quando a gente encontra alguém que, mesmo sem motivo algum, se doa a nos entender, sabemos que ali existe verdade. Existe amor, existe carinho, existe uma troca sem motivos de não ser sincera. E a verdade, perto da beleza e do tesão, é piada pronta. A verdade é o que há por trás das palavras engasgadas, dos amores que não vivemos por completo, do passado que nunca dividimos por medo que não compreendam nossas atitudes, das tristezas que demoraríamos lágrimas para contar, da dor que a gente carrega no peito, mesmo que nem sempre consigamos deixar somente no peito.

Então, quando, no meu tempo vago, fico observando como as pessoas amam, só peço para que haja mais amores compreensivos por aí. Não para compreender somente que hoje chegarei mais tarde, que com a Maria só existe amizade ou que, acredite, não consegui ligar pra você porque acabou a bateria do meu celular. Isso é o básico, é o arroz e feijão de uma relação saudável. Digo compreensão no olhar, no beijo, no sentimento de eternidade, de calmaria e afeto. Compreensão é a melhor qualidade de um amor, de uma amizade, de uma família.

Hoje, sabendo que o fim de tarde é o fim mais bonito da vida, sei que no amor busco um lirismo, quem sabe, inexistente. Por já ter vivido algo grandioso, não nivelo por baixo. Brinco, me divirto mutuamente com quem me vende um sorriso encantador, mas sentir algo transcendental, só em poucos e breves momentos.

Mas, por que tão breve? Por que esconder o segredo de uma alegria que um dia já sentimos? Por que tantos por quês se o que nós queremos é só ouvir um "Eu te entendo..."?

Amar e sorrir feito pluma

DESDE QUE EU ERA CRIANÇA, minha mãe sempre me dizia para me relacionar com alguém que me fizesse sorrir. Não somente sorrir, mas rir também. Rir no semáforo enquanto colocamos alguma música brega para tocar; rir no dentista, pois morro de medo dos barulhos que aquelas bugigangas fazem; rir no cinema de qualquer coisa, seja Woody Allen, seja Debi & Loide; rir no restaurante quando a gente não sabe como comer lagosta, e aí, logo após, rir porque a gente pediu lagosta e não tem dinheiro para pagar, mas depois a gente pensa nisso... Dá para pagar com risos? Ver alguém gargalhar é uma sobremesa que a gente economiza para comer aos pouquinhos. É muita alegria para acabar tão rápido. E se for quem a gente ama, então...

Convenhamos: namorar, casar, dividir o leito ou só dar uns beijos com gosto de bala de hortelã – pois você quis vê-la rapidinho no intervalo da aula, mas está com mau hálito porque passou o dia inteiro na correria e não come faz horas – com quem te faz rir é um passatempo que não se repete. Todo riso é novo, todo beijo tem alegria, toda risada tem beijo. Beijar rindo é muito bom. É gostosinho, é simples, é grande de tão pequeno.

Lembrando agora das relações que tive, fico pensando como consegui ficar com tantas pessoas que não me faziam rir... E a gente fica insistindo, achando que podemos ceder um pouco mais, ver outras qualidades, ajeitar aqui ou acolá. Mas, infelizmente, não é assim que as coisas funcionam. Rir é indispensável! É uma qualidade que vem com contrato vitalício. Pessoas enjoadas, que reclamam do sol e da sombra, do beijo e da falta do beijo, da maneira como os outros riem ou não riem, são fardos pesados demais para se carregar nos frágeis ombros da vida.

Diferentemente de muitos, eu quero um amor para rir de doer a barriga! Rir sem vergonha da altura da risada, do local ou de alguém achar que a gente é idiota, até porque a gente é! Quando se ama e se consegue rir com o outro, a vida fica leve, fácil, vira pluma, flui, flutua... Ter ao lado alguém que nos faça rir é ter um remédio diário para nos curar da crise no amor, na economia, no coração, e na confusão que há dentro de nós.

Gente que não ri é chata. Desconfio de pessoas que pensam demais para rir. Para rir não precisa de pudor, de escolha, de saber o que "merece" a sua risada ou não. Deixa de ser besta, ri aí! Se solta, relaxa, dança, passa vergonha, vem com a gente! A gente sabe viver, amar e responder à vida sorrindo! Então, só ri, que o resto a gente decide amanhã...

Tudo bem, também não precisa acordar rindo. Seria demais. Pessoas que acordam rindo sem dúvida têm algum pacto demoníaco evidente. Pessoas normais acordam sofrendo, mal, não querendo levantar, ficando em posição fetal quando se abrem as janelas.

Amando ao ar livre

BAIXINHA E COM UM SORRISO que me faz girar feito roda-gigante, nesses últimos dias ela brincou, com toda a leveza do mundo, com meus melhores sentimentos. Fez esse coração, que sempre foi dotado de pouca ansiedade, dançar em ritmo de carnaval. Só espero que não acabe na próxima quarta-feira; os beijos dela são coloridos demais para terminarmos em tons de cinza.

Com um coração aventureiro de São Paulo e um sorriso-água-doce de Santa Catarina, ela gosta da natureza como gosta de dançar em plena rua. Sorri quando fica com vergonha dos meus elogios, beija quando as palavras se repetem, se aninha em meu peito quando o tempo custa a passar. Em resumo, ela é refrão… enquanto eu sou só as notas finais de uma música qualquer.

Enquanto adiciono mais sal na comida sem necessidade, ela corre entre as gôndolas do mercado em busca de manteiga clarificada. Enquanto ela renova as energias na natureza, eu pergunto se há sinal de telefone aonde vamos. Enquanto ela passa o dia na praia amorenando, eu custo a entrar no mar e sujar os pés de areia. Enquanto falo por dois, ela escuta com paciência meus devaneios. Enquanto ela tempera o broto de alfafa na esperança de melhorar um gosto que, a meu ver, é inexistente, eu me perco nos sabores das pizzas mais fantásticas que existem.

De fato, a gente não combina. Ela é muito Califórnia, eu sou muito Nova York. Mas, mesmo não combinando, continuo a despir cada silêncio dela com os meus melhores beijos.

A verdade é que estou apaixonado, mas é melhor eu falar baixinho. Vai que ela escuta... e, do jeito que é convencida, será um caso sério de poesia.

Corrente de confusões

DE CONFUSÃO tenho o coração inteiro. Beiro a loucura nos diálogos que faço comigo antes de dormir. São tantos! Brinco de ser tudo o que eu quiser, mesmo que, na realidade, eu não seja lá muita coisa. São tantas esquinas! Tantas placas de "Pare, aqui não é o seu lugar" que somente assim percebo como estou há anos dando voltas na mesma quadra.

Meu mundo interno está interditado; conflitos enferrujaram os melhores brinquedos do parque. Paz interior? Já ouvi falar. Muito bem, por sinal. Meus dobrados são pedaços de coração, medo e saudade. Do que eu fui, do que eu nunca vou ser, do que todos queriam que eu fosse e não fui. Dividir o que eu sinto? Loucura. Ninguém entenderia. Sou página em branco ou todas as páginas do mundo, de meio-termo não fiz aula.

Alguém com seu caos em harmonia com o meu? Eu não iria acreditar em tamanha perfeição! Alguém que tenha paciência para ouvir as histórias que só eu sei inventar? Que saiba viver o amor que só eu sei viver? Que saiba lidar com as mais íntimas das minhas bagunças? Que nade com alegria nas minhas águas? Impossível!

Seria luxo demais um dia alguém entender os redemoinhos tempestuosos que fazem barulho nesse furacão? É ensurdecedor. É repetitivo. É revolto. Durante o dia sou brisa calma, sorriso paisagem, também estou bem, aceito um café, vou ficar em casa hoje nos vemos amanhã. Na noite cresço, viro um ciclone, um vendaval, repenso o que vivo, o que mereço, inverto as prioridades e os destinos, me transformo em euforia e, sendo todo valentia, viro coragem. Como se adiantasse ser corajoso na madrugada...

Sempre com algumas certezas, mas cheio de dúvidas, nunca sei o que quero. Saber o que se quer é uma pergunta muito grande para respostas tão pequenas: amor, paz, carinho, o mundo, um beijo. Essas coisas. Nada de mais. Assim, seguindo a ventania, vou indo, pois logo preciso acordar e, na maior intimidade do mundo, dar bom-dia para todas as minhas confusões.

Às vezes um carinho cai tão bem...

ME OBSERVANDO AGORA, neste instante, percebo como tenho uma eterna mania de colocar sentimento em tudo o que escrevo. Não que isso seja de todo ruim, longe disso. Mas é que nem sempre as emoções que me habitam são belas e frutíferas. Na maioria das vezes, são confusas e cheias de espinhos; ainda desconheço lindas flores que não carregam seus espinhos.

Ultimamente não tenho recebido muito carinho do mundo, das pessoas que me rodeiam, de mim para mim mesmo. Estou me sentindo sozinho. Na multidão. Nos minutos antes de dormir. Em vidas que tinham tudo para se encontrar. Nos filmes a que assisto e sobre os quais gostaria de dividir minhas opiniões loucas com alguém. Nas mensagens que envio e nem anseio mais respostas. Nos corações que me prometem sol, mas não me garantem um verão por inteiro.

É engraçado como digo ser refém da solidão, mas raramente dou continuidade a amores que não queiram construir uma história. Pessoas lindas por dentro e por fora me surgem a cada esquina, mas pessoas que queiram construir beleza...

ah, essas são poucas! Vivo e durmo de peito aberto com a solidão, pois assim decido todas as noites. Infelizmente, não sinto o mesmo prazer com beijos sem sobrenome, e de vazios já restam os cômodos do meu coração.

Em tempos em que se prega tanto um desapego heroico e em que pessoas vêm sofrendo e gastando energia em quedas de braço constantes contra qualquer manifestação que possa ser contrária às suas convicções, admito que sinto falta de um beijo carinhoso, de uma mão amiga, de conversas encharcadas de interesse nos mínimos detalhes da vida. Encontrar alguém que se interesse pelos nossos sonhos, pelas brincadeiras que fazemos ao acordar ou pela maneira como rimos dos nossos sofrimentos... hoje é uma raridade.

Na minha saudade cabem lembranças que os lembrados talvez já tenham esquecido. Na verdade, todos os detalhes líricos da minha vida se desenham desta forma: beijos cheios de saudades e saudades com tão poucos beijos. Agora, perto daquele abajur da sala da minha casa que sempre me faz refletir, me sinto um ímã das minhas saudades. Tenho boas lembranças dos carinhos que nunca mais me fizeram. Sendo porto de toda vontade de viver um amor que, como se fosse fácil, só me fizesse bem, estou me sentindo muito solitário. Triste, mas com sabor de vida real. Por opção, faço da solidão a minha companhia, pois, sendo calada, ela não me traz a alegria que me faz suspirar, mas também não me faz testar a profundidade do poço.

Sem saber o que nos resta de amanhã, os problemas me atropelam no hoje. Abreviando as minhas tristezas em sorrisos que distribuo durante o dia, finjo que estou bem, mas sei que, vivendo nessa constante solidão, nessa atmosfera pesada, cada dia me afundo mais em mim...

E, como dizia Caetano: "às vezes um carinho cai tão bem".

P.S.: Na verdade, o "tão" foi licença poética minha; lido com tantos advérbios de intensidade em meu coração que mais um me pareceu harmônico.

Redemoinho no deserto

AGORA SÃO 23H24. Alguns minutos a mais e eu já posso dizer que escrevi um texto para ela na madrugada. Ela é tudo o que as confusões são: inconstante, pouco afetiva e um eterno para-raios dos próprios excessos. Eu gosto dela. Já ela nem sabe por que insisto em usar camisa jeans e meias coloridas. Na verdade, ela nem deve saber que uso meias coloridas. Eu vivo pensando nela. Já ela nem sequer diz um "Gosto de você" de emergência. Eu já pesquisei todas as possíveis receitas de que ela possa gostar, mesmo que envolvam berinjela, banana-caturra e palmito pupunha. Já ela nem ao menos deixaria seu gosto-verdade-absoluta para comer algo diferente comigo. Eu já entreguei meu mundo. Já ela ainda está decidindo se mereço Cubatão ou Petrópolis.

A verdade é que eu não conheço o que há por trás dela. Não conheço seus medos, seus traumas, suas histórias, suas vontades. Eu insisto pelas reticências, ela me mune de pontos finais. Eu insisto na conversa olho no olho, mas, para ela, olho no olho somente no brinde. Não sei se ela gosta de homens que vão à academia todos os dias, que correm pela manhã e que ainda guardam potes de ovos com batata-doce no banco de trás do carro. Não sei se ela gosta de homens que escutam, com o porta-malas do carro aberto, música alta em frente ao mar, com refrãos que, sem dó, rimam amor com calor. Não sei se ela gosta de homens que não a colocam contra a parede, não a fazem ficar com as pernas bambas ou não a deixam ser a safada que eu sei que ela é.

Quando ela não me faz um mal repentino, me faz um bem danado. Se eu já pensei em dizer adeus? Todo santo dia. Se eu já pensei em dizer "Vem cá, deixa de ser besta e fica comigo"? Duas vezes, todo santo dia. Não sei se é seu olhar maduro ou sua cabeça de criança que me faz ficar, vai saber... Acontece que ela virou meu mundo de cabeça para baixo, e quem disse que eu não queria que ele ficasse assim? Eu também tenho as minhas confusões, mas na s dela ninguém mexe, ninguém ajuda, ninguém discorda. É dela. O mundo é dela, as vontades são dela, os horários, as perguntas, as verdades são todas dela, até as vogais dss txt s tds dl.

Ela sabe que, depois de um dia cansativo, ela é a minha paz. Depois de um sexo de tirar a cama e o coração do lugar, ela é meu melhor lençol. Ela sabe disso, pois nunca hesito em dizer o que sinto. Mas, quando preciso das suas palavras, ela ri, desconversa, foge, se enfia numa toca em que, infelizmente, só cabe um. Não sei quanto tempo ela quer perder, quantas preocupações quer colecionar, nem quantos beijos quer desperdiçar por achar que não está vivendo o amor que tanto idealiza. Ela perde tempo demais pensando, sofrendo, dando voz às muitas verdades pequenas e não absolutas. Mas eu, como todo idiota, insisto mais um pouco, fico ali, por birra e paixão, num redemoinho de uma história em que, certamente, quem morre ao final sou eu.

Tempos atrás, enchi a boca para dizer que ela era toda Califórnia. Hoje, pensando melhor, acredito que eu tenha me equivocado; ela é toda Arizona: um deserto cheio de liberdade, mas com poucas opções; aceitá-la à sua maneira ou fugir para as colinas. Se prefiro colinas ou deserto, ainda não sei. Se até o Djavan diz que *amar é um deserto e seus temores*, quem sou eu para discordar? Mas estaria mentindo caso dissesse que não me pergunto todo dia se meu lugar não é nas colinas.

Voa, tempo, para que eu possa esquecer

A RODOPIAR EM BUSCA DE CONFORTO, lembro dos beijos que não serão mais presentes. Nas tardes que passo junto a um céu nublado, lembro como seria gostoso estar ao lado de quem tanto amo. Ao deitar, fico na cama feito areia movediça, me perdendo em imagens de que sou incapaz de questionar a chegada; na possibilidade de um futuro, burramente ainda creio na ilusão de ser feliz com você.

Em busca de desculpas para não te esquecer, me castigo acreditando em um amor que claramente se faz unilateral. E, no momento em que sinto saudade, estufo o peito, bato na sua porta e, com um sorriso no rosto, me abro em flor para dizer o que ainda sinto por você, e, quando me pergunta o porquê do meu ressurgir, nunca sei o que responder. Infelizmente, achei que dessa vez seria diferente, mesmo não tendo motivos nem novidades; ainda estou com toda a saudade do mundo.

Sem receber o carinho que meu ouvido gostaria, deixo o silêncio vir e responder por mim. Sabendo que, algumas vezes, soletrei para você tudo o que eu sentia, hoje me prescrevo esquecer você em doses homeopáticas. Não quero mais te procurar, mesmo quando eu achar que a retórica possa ser convincente. Preciso me convencer que sou compositor do meu destino, ainda que essa seja só mais uma mentira de quem não sabe onde colocar todo o amor que sente.

Deixando alguns rastros de incompreensão, me sinto triste e, junto a um aperto sem fim no coração, vou, aos poucos, saindo de cena, dizendo adeus, mesmo sem nem abrir a boca. E, mesmo querendo encher seu coração de palavras bonitas, não há inflação verbal que retome o amor que já existiu. O silêncio é o diálogo de que o fim precisa para acontecer.

Hoje, sei que a melancolia de tentar esquecer quem se ama torna qualquer noite de tristeza eterna. Então, por favor, voa, tempo, me hospeda em um momento de alegria, e, mesmo sendo contra as vontades do coração, me deixa esquecer quem já deixou claro que me esqueceu.

Suspiros por um amor que a gente espera

DE EVENTUALIDADES SURGEM AMORES. E de amores surgem eventualidades. Terminam, somem e reaparecem como se pudessem brincar com o que a gente sente. E a gente sente tanto... E, tendo somente a saudade do vivido como companhia, lembra com carinho o que já viveu, e com esperança o que ainda vamos viver. Não temos muitas opções além de ter esperança e sorrir à mercê do destino. Se é que ele existe.

Nesta noite, enquanto escrevo e tento evitar comer carboidratos antes de dormir, me pergunto como a vida seria se os dias continuassem assim, com amizades lindas, pequenas surpresas corriqueiras e sorrisos de canto de boca. Mas e sem um grande amor para dividir tudo isso? E se tivermos que nos contentar em viajar sozinhos, dormir sozinhos, esquentar nossos pés sozinhos, sonhar com uma linda história de amor sozinhos? E se a gente tivesse que se acalmar sem ter ninguém que quisesse nos acompanhar pela tão triste e falsa eternidade?

A gente mata e revive o amor que há dentro de nós todo dia. Pensa em silêncio, pois não quer admitir como os outros conseguem viver amores tão febris e a gente aqui, passando mais um dia em branco. Sem muito o que fazer, vemos um filme no domingo, trabalhamos um pouco mais na sexta-feira, tomamos um café com gosto de pressa na quarta-feira pela manhã e, entre momentos banais da vida, sentimos na pele a saudade de viver um amor que, como se fosse fácil, só nos fizesse sorrir.

Mesmo sendo cais das minhas dúvidas momentâneas, desconheço pessoas que terminaram a vida de forma feliz, convictas que desistir do amor seria uma solução pertinente. Acontece que o tempo passa e a gente fica. Pensando, esperando, vivendo feliz, mas na espera de algo mais. Alguém para dividir o mundo, acariciar a cabeça pelo amanhecer e sumir entre os cabelos desgrenhados antes de dormir. Alguém para abraçar o eterno, mesmo que ele seja ilusório. Para beijar a boca, mesmo que ela seja passageira. Para rir na tristeza, mesmo que ela seja somente nossa.

Sem respostas, mas com muitas convicções, a gente procura amores e, na maioria das vezes, encontra somente bocas. Procura corações e encontra somente olhares que, no fundo, buscam o mesmo que nós. Todos vivem em busca de um grande amor. Até aqueles que, por uma dureza claramente repleta de pânico, dizem que não precisam de amor para viver felizes. Ninguém é tão superior assim. Ninguém vive sozinho com tanta gente especial espalhada por aí.

Sendo a poesia o mais bonito dos sentidos, que o amor que a gente espera venha, mas não exatamente como imaginamos, e sim como merecemos. E que, por favor, que seja alguém que goste de viajar, pois, no auge da minha loucura pessoal, confesso que já fiz todos os nossos roteiros. Garanto que você vai gostar. O pôr do sol tangerina de Florença é a sua cara.

Em busca de um amor brisa

JÁ TIVE AMORES LOUCOS. Efêmeros. Daqueles que até a chuva abençoou. Na verdade, nem sei se todos foram tão amores... Será que posso chamar de amor os amores que nem foram tão *amores* assim? Na verdade, sempre que possível, confundo paixões com amores, mesmo tendo ciência total da definição de cada um. É que existem paixões que se manifestam de maneira tão grande dentro de mim que não haveria possibilidades terrestres ou oceânicas de elas não serem amores.

Já fui ansiedade no amor, na vida, nos sonhos. Sempre quis viver todas as aventuras possíveis! Achei, burramente, que teria que viver em ritmo frenético tudo o que pudesse, até a juventude se esvair. Caso contrário, não teria feito jus à vida que tive. Ah, como a maturidade é gostosa! Ah, como a maturidade faz o simples ser um eterno verão! Ah, como a maturidade é uma linda amizade de anos com alguém em quem você confia.

Mas o tempo passa, a gente aquieta o coração e observa como existem alguns prazeres que somente a calmaria pode nos proporcionar. Um café no sítio, um beijo na estrada com os vidros abertos, um filme na sexta à noite, e por que não no sábado também? Os amigos dirão que você é velho e que, daqui a pouco, seus joelhos não aguentarão mais sair de casa, mas deixe que os amigos falem, deixe que eles tenham carinho ou inveja, saudade ou preguiça de convidar você. A calmaria de um amor é assim: gera desconforto a quem não tem.

Eu não posso me furtar a quão genuíno é o que vivo. Hoje, procuro tranquilidade, tanto no trabalho quanto no amor. Na verdade, procuro um amor repleto de coisas simples; elas são o segredo da vida. Não espero muito mais que compreensão no olhar e sorrisos de ombros leves. Quero serenar na praia, no campo, no jardim de uma casa que ainda não tenho, mas já imagino como será. É louco, eu sei, mas sempre tive essa utopia de imaginar minha futura casa. Mesmo sendo um sonho, dito por vários "feminino", confesso que fico imaginando os detalhes, os abajures, o jardim, os cachorros, e, por incrível que pareça, até gostaria de ter uma horta. Talvez eu seja caseiro, ou estranho demais, vai saber...

Então, não desejo aviões, sejam eles mulheres ou obras da engenharia. Só alguém que olhe devagar para mim. Gosto de paixões assim, simples por serem o que são. Este é o segredo da intimidade: ser leve para amar, mas, principalmente, leve para saber se deixar ser amado. Pois, com certeza, das coisas que podem ser simples, eu escolho o amor.

INFORMAÇÕES SOBRE A SEXTANTE

Para saber mais sobre os títulos e autores
da EDITORA SEXTANTE,
visite o site www.sextante.com.br
e curta as nossas redes sociais.
Além de informações sobre os próximos lançamentos,
você terá acesso a conteúdos exclusivos
e poderá participar de promoções e sorteios.

www.sextante.com.br

facebook.com/esextante

twitter.com/sextante

instagram.com/editorasextante

skoob.com.br/sextante

Se quiser receber informações por e-mail,
basta se cadastrar diretamente no nosso site
ou enviar uma mensagem para
atendimento@sextante.com.br

Editora Sextante
Rua Voluntários da Pátria, 45 / 1.404 – Botafogo
Rio de Janeiro – RJ – 22270-000 – Brasil
Telefone: (21) 2538-4100 – Fax: (21) 2286-9244
E-mail: atendimento@sextante.com.br